Jules Dufay

L'impôt progressif sur le capital et le revenu

essai

ISBN : 978-1519686459

10 9 8 7 6 5 4 3 2 1

Jules Dufay

L'impôt progressif sur le capital et le revenu

essai

Table de Matières

Au Congo, comme ailleurs, c'est la question de l'impôt qui est tout.

DRUMONT,
Libre Parole du 30 septembre 1903.

La progressivité dans la fiscalité est une nécessité autant qu'un acte de justice sociale.

GUSTAVE RENAUD,
Avocat à Neuchatel, ancien Président de Tribunal, représentant pour la Suisse de la Société des Gens de Lettres de France.

La proportion injuste serait celle qui suivrait exactement la proportion des biens. On jugea à Athènes que le nécessaire physique ne devait point être taxé.

MONTESQUIEU.

150 francs d'impôt sur un revenu de 1 000 serait une charge à peu près intolérable. — Cours d'Économie politique p. 187.

COLSON,
Conseiller d'État.

PRÉFACE

Pour toutes choses publiez votre pensée ; bonne, on en profite ; mauvaise, on la corrige et on en profite encore.
P. L. COURIER.

Une grave question, à l'ordre du jour, est celle de savoir si l'impôt, cette part que l'État prélève, pour subvenir aux dépenses d'intérêt public, sur le revenu ou la fortune de chaque particulier, doit suivre une proportion mathématiquement régulière ou bien, si cette proportion doit aller en augmentant, en progressant, à mesure qu'augmentent et progressent les revenus et la fortune de chaque citoyen. Ce n'est plus une question d'arithmétique, mais une question de bon sens et de justice.

Il nous paraît rationnel et juste que le minimum indispensable à la vie soit exempt d'impôt et que le surplus soit atteint dans une proportion plus forte à mesure que s'élève la richesse du contribuable.

Nous verrons que la plupart des législations européennes l'ont compris ainsi.

En matière de législation, il ne suffit pas de poser des règles absolues, il faut considérer les effets qu'elles produisent sur l'État et sur la société.

L'impôt doit avoir pour objet, non seulement de fournir à l'État les ressources nécessaires aux besoins d'intérêt général, mais, aussi, de maintenir, dans une juste limite, l'appropriation particulière de la richesse produite, au moins indirectement, par le travail de tous.

C'est non seulement un rôle économique, mais un rôle moralisateur qu'il doit jouer, un rôle d'affranchissement du travail, au lieu du rôle de compression qu'il joue actuellement. Il doit contribuer à enlever au capital ce qu'il a d'excessif dans sa puissance, et rendre au travail une puissance sociale et économique qu'il n'a plus aujourd'hui à un degré suffisant. Il doit favoriser la formation du petit capital nécessaire à l'affranchissement moral de l'homme, aider le travail à se transformer en capital, et empêcher ce capital de se transformer en instrument d'oppression et d'exploitation, par son trop grand développement. Il doit atteindre le luxe et épargner le nécessaire. Il doit charger le superflu et alléger l'indispensable.

Il peut favoriser l'accroissement de la population et de la richesse générale, en restreignant l'accumulation de cette richesse en quelques mains ; digue contre l'excès de la richesse et l'excès de la misère.

Les idées que nous allons développer dans les pages qui suivent, sont déjà mises en pratique depuis des années, et même depuis un siècle, par les nations voisines, moins routinières et moins timorées que notre nation française, plus portée à s'effrayer des mots qu'à essayer des réformes au fond parfaitement réalisables. Il n'y a plus guère en Europe que la Turquie et la France qui aient peur de

8

l'impôt sur le revenu.

Il ne s'agit pas ici de détruire le principe excellent de la proprié-té individuelle, le meilleur que les sociétés civilisées aient trouvé pour stimuler le travail de l'homme ; il s'agit, au contraire, de se servir de l'impôt pour favoriser, aider, par l'espérance et le résultat, chaque travailleur à arriver à la propriété individuelle, élément né-cessaire de son indépendance.

Rien de plus dangereux que la corruption d'un bon principe. L'excellence du point de départ empêche d'apercevoir les vices ou les excès de l'application. Ainsi en arrive-t-il pour la propriété in-dividuelle ; ainsi en arrive-t-il pour le pouvoir social et politique. Ces deux éléments sont les fondements solides, indispensables des sociétés humaines. Or, leur abus entraîne les conséquences les plus désastreuses. Ils sont la sauvegarde de l'indépendance de l'homme ; leur abus en est la destruction. Que le pouvoir politique repose sur une seule têteou sur quelques-unes seulement, et la so-ciété tombe sous le despotisme le plus absolu. Mettez la richesse entre les mains d'un petit nombre seulement, vous leur livrez le sort de la nation, quelle que soit la forme politique de l'État, em-pire, monarchie ou république. Il est donc de la plus haute impor-tance de régler par des lois aussi positives et aussi prévoyantes que possible, l'exercice du pouvoir et la distribution de la richesse.

Surtout depuis la consécration de l'usure par les législations modernes, la société serait rapidement perdue, si une restriction n'était pas apportée à la puissance d'accumulation de la richesse. Le droit de propriété individuelle, ce *praesidium generis humani*, comme l'appelaient les Romains, poussé à l'excès, devient une cause de ruine. *Corruptio optimi pessima*, disait déjà Tacite, il y a près de deux mille ans.

Toute la sagesse, en économie sociale et en économie politique, consiste donc à limiter l'exercice du pouvoir et la possession de la richesse, afin que ces deux conditions de sécurité et d'indépen-dance ne dégénèrent pas en causes de ruine. Le pouvoir entre les mains d'un seul, c'est la servitude de tous ; la richesse entre les mains d'un petit nombre, c'est la misère de presque tous.

Nous croyons qu'on peut trouver dans l'impôt lui-même, dans la répartition équitable des charges publiques, un moyen excellent de prévenir ces excès.

Chaque citoyen, dans un état bien réglé, doit avoir sa part rationnelle d'importance politique ; il doit avoir aussi sa part de la richesse sociale ; et il l'aura par le simple effet de son travail, si la loi le protège suffisamment contre l'égoïsme et l'avidité des plus forts et souvent des plus malhonnêtes, s'attribuant la part du lion dans les profits du travail.

C'est un devoir d'introduire dans nos lois fiscales les dispositions exemptant de tout impôt, cette part du revenu de chacun, indispensable à l'existence, et d'augmenter la proportion de l'impôt en raison de l'augmentation de la fortune. La nécessité d'une profonde réforme de nos lois économiques est dans les esprits avec autant et même plus de justice et de mesure qu'elle n'y était à la fin du dix-huitième siècle.[1] Mettons-nous donc à l'œuvre résolument, en commençant par l'impôt, qui est la forme abusive la plus frappante et la plus invétérée des injustices à faire disparaître de nos lois.

CRITIQUE GÉNÉRALE

du système fiscal actuel

Frapper les choses, quelle que soit la personne à qui elles appartiennent ; ne tenir aucun compte de la situation du contribuable, qu'il soit chargé d'une nombreuse famille, ou qu'il ait à pourvoir ses simples dépenses personnelles ;

Qu'il jouisse de rentes considérables, ou d'un revenu à peine suffisant au strict nécessaire ;

Qu'il soit créancier d'un million ou, au contraire, débiteur d'un million hypothéqué sur ses domaines ;

1 On était alors épris de l'idée de la souveraineté absolue de l'individu sous l'influence de cette doctrine « laissez faire, laissez passer » : au lieu de réformer les jurandes, maîtrises et corporations, par la suppression des restrictions tyranniques, on les détruisit en juin 1791 ; on les prohiba par une violation antisociale du droit naturel d'association. On cherche à corriger aujourd'hui cette fâcheuse législation, par l'organisation des syndicats ; mais l'expérience, jusqu'à ce jour, n'a pas donné des résultats satisfaisants ; les masses ouvrières manquent d'expériences et d'esprit de conduite ; elles ne peuvent pas lutter contre les forces capitalistes sans grand dommage de part et d'autre.

Qu'il soit à la tête d'une industrie en pleine prospérité, ou, au contraire, d'une industrie de même nature ne donnant presque aucun bénéfice ;

Qu'il soit majeur, valide et pouvant, par son travail, ajouter aux revenus de son capital, ou mineur, incapable de se procurer d'autre ressource que celle de son capital ;

Qu'il soit propriétaire de terres jadis fertiles, et devenues stériles par un événement quelconque, tel que la dépopulation, ou de domaines procurant un plus grand revenu, par suite de circonstances heureuses ;

Maintenir le même chiffre d'impôt pour la même chose, quels que soient les événements qui en ont modifié le revenu ;

Demander à la terre et à ses produits 20 ou 30 % de leur revenu, parce qu'ils exigent un travail pénible ; ne demander rien aux intérêts des capitaux et de la rente qui n'exigent aucun travail, du 4 à 7 % du revenu des autres valeurs mobilières, qui n'en exigent pas davantage ; maintenir cette inégalité choquante pour faciliter l'usure, la spéculation et l'agiotage ;

Demander plus à ceux qui ont moins, et moins à ceux qui ont plus, par uneproportionnalité peut-être mathématique, mais en fait, progressive en sens inverse des facultés du contribuable ;

Rendre les lois fiscales aussi embrouillées et obscures que possible, afin d'empêcher le contribuable de se défendre contre leur injustice dans l'application ;

Favoriser les grandes accumulations de richesses en quelques mains, et empêcher, au contraire, la formation d'un petit capital acquis par le travail ;

Frapper d'un impôt plus élevé la famille visitée par le malheur, par application sans doute du précepte de fraternité, écrit sur tous nos murs, en tête de toutes nos lois, exiger une procédure à frais énormes pour les partages ou la vente des biens des enfants mineurs, frais scandaleux au profit du fisc et des agents judiciaires en matière de faillite et de liquidation dite amiable ;

Ne tenir aucun compte de ces faits et circonstances dans l'établissement et la distribution des impôts ;

Au contraire, chercher, par tous les moyens, à trouver de l'argent

Jules Dufay

là où il en manque, s'ingénier à n'en pas trouver là où il y en a, et surtout où il y en a beaucoup.

Tel est le problème que notre législation fiscale a savamment résolu, et telle est la législation que nos féodaux de la haute finance entendent défendre du bec et des ongles, des ongles surtout, envers et contre tous.

En sorte qu'aujourd'hui, pour sortir de cette ornière fiscale héréditaire, la question est de savoir comment il faut s'y prendre pour retourner la situation et mettre sur pied une législation nouvelle produisant un ensemble de résultats diamétralement opposés.

À l'examen, il ne parait pas facile de passer sans transition, pour la totalité de nos impôts, à une correction radicale, qui pourrait modifier tout à coup les situations créées par la législation antérieure.

Les changements dictés, même par l'esprit de justice, ne comportent guère le renversement subit d'un état de choses général, qui a formé, en quelque sorte, l'alvéole dans lequel se développent l'individu et la famille.

Nous allons donc indiquer les modifications qui pourraient être prudemment apportées à la législation fiscale, pour procurer dès maintenant un état meilleur à la classe si nombreuse des travailleurs et des petits propriétaires, et, par là, un élément de pacification sociale.

CHAPITRE I

Évaluation des richesses existant en France

Avant d'établir le budget d'une famille, il est bon de connaître l'importance de sa fortune et de ses revenus de diverses natures. Cela connu, on peut déterminer à coup sûr la somme de dépenses nécessaires pour la vie de la famille. Il faut considérer aussi, non-seulement l'état présent, les dépenses nécessaires actuelles, mais penser à ce qui surviendra lorsque les conditions seront modifiées par l'âge, par le nombre des personnes, par leur aptitude ou leur incapacité de travail, etc.

Le problème s'élargit naturellement s'il s'agit d'un groupe de familles, d'une ville, d'une province ; il devient d'une importance capitale, quand il est question d'une nation entière, d'un État comme la France, ayant un long passé, un avenir à préparer, des traditions, des institutions en train de se modifier, des intérêts souvent opposés d'une province à l'autre, des classes sociales nombreuses, agissant les unes sur les autres, en lutte sur le terrain économique, une centralisation réunissant en quelques mains le sort de 40 millions d'habitants, quelle que soit la forme politique de leur gouvernement.

C'est bien là notre situation.

Il faut donc, avant d'entrer dans la discussion du problème des impôts, nous renseigner d'une façon aussi approximative que possible sur l'importance de la richesse, des revenus et des dépenses de cette vaste collectivité d'individus, ayant comme unité nationale, un ensemble d'intérêts communs, leur imposant une sorte de solidarité, à laquelle aucun ne peut échapper.

Et d'abord, quelle est la richesse de la France formant le total des biens qui composent le capital national ? C'est une grosse affaire que d'établir un inventaire aussi colossal. Les spécialistes qui ont cherché à résoudre ce problème ne sont pas tout a fait d'accord. Si on prend la moyenne des résultats obtenus par leurs travaux sur les diverses natures de richesses, on peut s'en tenir à peu près aux chiffres suivants :

La fortune immobilière, comprenant les terres, les habitations, les installations industrielles, s'élèverait à 90 milliards.

Sur la richesse mobilière, le calcul est encore plus difficile : en y comprenant les créances sur les États, sur les sociétés industrielles et sur les particuliers, les marchandises, les objets de consommation, les meubles proprement dits, les objets d'art, l'or et l'argent monnayés, etc., on trouverait un total de cent milliards. On a même fait observer que, parmi ces valeurs, plusieurs paraissent se contredire ou se compenser, puisque la créance de l'un a pour corollaire la dette de l'autre et diminue d'autant son actif. Mais, ne nous arrêtons pas ici à ce détail quoique très important, qui divise les économistes ; au point de vue de l'impôt, qui nous occupe ici, nous verrons plus loin qu'avec un système rationnel on arriverait à corriger les effets de cette compensation, ce que ne fait pas notre fiscalité actuelle, par une véritable injustice.

Ce n'est pas tout. Cette énorme richesse de 190 milliards n'est rien, absolument rien par elle-même. Elle n'existe que par le travail qui la crée et qui l'entretient. Ni la terre, ni l'or ne donnent un produit quelconque s'ils ne sont pas fécondés par le travail de l'homme. Pas un centime ne se produit dans le monde économique, sans l'intervention de ce merveilleux travail, force créatrice nécessaire et suffisante pour tout animer dans les sociétés humaines. Si la vie est dans le mouvement, la richesse est dans le travail. Retenons bien ceci pour les développements suivants.

Il faut donc tenir grand compte de ce second élément si essentiel dans l'établissement de nos dépenses et, ensuite, de nos impôts.

Or, quel est le produit de ce travail universel en France ? Ici, nos savants économistes ont encore plus de peine à se mettre d'accord. Ils varient du simple au double, et même au triple. Les uns évaluent ce produit à douze milliards, d'autres, à 18 ou 20 milliards ; enfin, ceux qui veulent absolument nous rendre plus riches que nous ne le sommes, parlent de 30 milliards et même plus. Ce qui ne veut pas dire du tout qu'au 31 décembre de chaque année nous avons acquis 12, 20 ou 30 milliards de plus. Non, la fortune ne nous sourit pas à ce point ; trop heureux quand nous n'avons pas reculé. Cela signifie simplement que le travail de chacun de nous, ou plutôt de ceux-là seulement qui travaillent, car il y en a beaucoup qui ne font rien, a été l'équivalent de ces autres milliards vite absorbés d'un autre côté par les besoins de la vie de chacun : nourriture, vêtements, habitation, instruction, maladies, secours, etc., etc.

Un autre phénomène qui contribue à ces énormes différences d'évaluation est ce qu'on appelle la circulation des valeurs, ou du signe des valeurs, tels que l'or et l'argent monnayés. Une pièce de cinq fr., par exemple, n'existe, au point de vue économique, que par l'emploi qu'on en fait : tant qu'elle reste dans notre poche, elle équivaut à zéro. Si nous la payons à notre boulanger, elle représente cinq fr. ; celui-ci la paie au meunier qui lui a vendu sa farine, c'est encore cinq fr. ; celui-ci la remet au laboureur qui lui a vendu son blé, nouvelle valeur de cinq fr. ; le laboureur la remet au taillandier qui lui a vendu sa charrue, nouvelle manifestation du rôle économique de cette pièce de cinq fr. En quelques jours, elle a produit le même effet qu'une pièce de vingt fr. qui aurait changé de main une fois seulement. C'est ce phénomène connu, mais très difficile à apprécier et à calculer dans ses manifestations différentes, qui donne tant de tablature à nos économistes, quand il s'agit d'établir en chiffres le produit du travail.

Tenons-nous-en à un chiffre moyen de seize milliards comme produit du travail en France. Nous ne possédons pas cette somme en numéraire mais, comme nous venons de le dire, la valeur se multiplie par les emplois divers qu'elle reçoit par la circulation.

Quant au produit des capitaux mobiliers et de cet autre capital, la terre, on serait à peu près d'accord à les évaluer à 3 milliards pour chaque catégorie, soit ensemble 6 milliards.

En sorte que la grande famille française aurait, pour faire marcher son ménage :

1° Un capital mobilier et immobilier valant 190 milliards ;

2° Une rente de 6 milliards produite par ce capital, sous forme d'intérêts et de fermages, fruits eux-mêmes du travail ;

3° Et un revenu du travail proprement dit, de 16 milliards.

Mais la grande famille française a aussi des dettes qui se chiffrent par des sommes considérables :

1° L'ensemble des citoyens, la collectivité représentée par l'État doit, en capital, environ 31 milliards et même près de 36 milliards, si on compte les dettes des communes, et des départements.[1]

2° Les dettes des particuliers envers d'autres particuliers (hypothèques, prêts divers, avances de toutes natures) sont évaluées à 15 milliards ;

3° L'État doit aussi des pensions, rentes, indemnités de toutes sortes à d'anciens fonctionnaires et employés, dont on évalue le capital à 7 milliards et la charge annuelle à 270 millions.

4° Enfin, les dépenses courantes annuelles d'intérêt général constituant ce qu'on appelle le budget de l'État, s'élèvent à 3 mil-

---

1 Dans son *Cours d'Économie Politique* (Guillaumin et Gauthier-Villars), M. Colson, conseiller d'État, ingénieur des Ponts et Chaussées, évalue les dettes de l'État à 31 milliards, celle des départements à 528 millions, celles de Paris à 2 milliards 298 millions, enfin celle des autres communes de France à 1 milliard 536 millions, et les charges annuelles à 1 milliard 303 millions pour l'intérêt de ces dettes.

liards 700 millions, et si on y ajoute les dépenses des communes et des départements, on arrive à peu près à 4 milliards à payer chaque année.

Avant d'aller plus loin, faisons observer que si les 4 milliards de dépenses générales n'avaient pas d'autres sources que le produit du sol et des capitaux mobiliers, ils absorberaient le produit net du sol en entier, et qu'ils prendraient encore un tiers du produit des capitaux mobiliers. D'où nous devons conclure dès maintenant qu'il faudra nous adresser aussi au produit du travail proprement dit, pour faire face aux dépenses générales. Autrement, le capital terre, maisons d'habitations et usines, serait anéanti en entier (comme un domaine frappé d'une hypothèque supérieure à sa valeur), et que le capital mobilier serait réduit de 33 %.

Pour éviter d'en arriver à cette extrémité, à cet anéantissement du capital par l'impôt, nous verrons qu'il est indispensable de s'adresser aussi au produit du travail. Or, ce dernier produit ne répond à aucun capital ; il est donc juste de s'adresser à lui dans une proportion moins forte qu'au produit du capital dont les bénéficiaires sont, par l'origine même de leurs revenus, dispensés en totalité ou en partie, de donner leur travail personnel à la société.

On pourrait dire que le revenu du travail proprement dit ne correspondant à aucun capital, n'est pas autre chose que l'addition de la valeur monétaire multipliée par la circulation énoncée plus haut. Et c'est probablement à cause de la très grande difficulté d'apprécier cette circulation, que nos économistes, malgré toute leur science d'observation, ont varié de 12 à 30 milliards sur le chiffre du produit du travail en France ; il n'est pas facile de savoir combien de fois la pièce de 5 fr. change de mains dans une année.

Nous verrons que toutes les législations des peuples qui nous environnent ont tenu compte de cette idée que l'impôt doit frapper dans une proportion différente le produit du travail proprement dit et celui du capital, et qu'il est juste aussi d'établir un chiffre du revenu, dans l'une et l'autre catégorie, que la loi exemptera de contribuer à l'impôt, parce que ce revenu correspond à la dépense nécessaire de l'individu qui doit, tout d'abord, contribuer aux dépenses de sa propre existence.

Quant au capital existant aujourd'hui, il n'est pas autre chose qu'une accumulation du produit du travail non absorbé par la dépense, c'est-à-dire que, dans leur ensemble, les générations qui nous ont précédés ont mis en réserve 190 milliards sur la somme inconnue produite par leur travail peut-être depuis des siècles. Si, par suite d'une organisation économique très différente de celles qui régissent la société humaine, cette accumulation de revenus était distribuée et attribuée également, chaque Français, dès sa naissance, posséderait ou aurait droit de posséder un quarante millionième de ces 190 milliards, c'est-à-dire environ 4 700 fr., et serait débiteur dans la même proportion, de la dette générale, c'est-à-dire d'environ mille fr. C'est, je crois, à peu près le calcul que font les théoriciens du socialisme et du collectivisme, quand ils rêvent de mettre en commun tout le capital social, et sans doute aussi toute la dette qui y correspond. Mais nous allons voir que la distribution actuelle de ce capital est bien loin de répondre à cette égalité dans le partage ; elle est même d'une inégalité si choquante, qu'un économiste, bon observateur, écrivait dernièrement : « C'est vraiment pitié que de voir la puissante organisation financière de notre pays concentrée dans 4 ou 5 grandes banques dont le rôle perfide se précise chaque jour davantage et ne vise qu'à un but : réaliser leurs papiers le plus cher possible, au préjudice de la clientèle. Quand donc la masse de celle-ci ouvrira-t-elle les yeux et cessera-t-elle de se laisser duper avec une facilité qui déconcerte !

« Quand on repassera l'histoire financière de notre époque, et que l'on constatera en quelle enfantine tutelle la haute Banque tient aujourd'hui cette épargne française si laborieuse et si économe, on ne pourra pas croire que pendant tant d'années elle ne soit restée taillable à merci, sans qu'une échappée de lumière l'éclaire sur sa propre naïveté. Telle qu'elle est organisée, la haute Banque, en France, constitue la plus merveilleuse pompe aspirante des capitaux de l'épargne qui ait jamais existé. Si ce formidable appareil fonctionnait à découvert, si l'on pouvait constater les résultats de son aspiration perpétuelle, le public le briserait sur-le-champ. » [1]

Pour mieux nous rendre compte de la nécessité de réformer notre système fiscal (sans compter les autres réformes nécessaires), nous allons voir avec quelle prodigieuse inégalité est répartie la richesse générale ; ce qui permet les abus signalés partout du capitalisme

---

1 Augustin Max, *Tablettes financières*.

Jules Dufay

exploiteur et usurier, qui en est arrivé au point où il devient plutôt la négation du droit de propriété que l'expression de ce droit.

Évidemment la réforme fiscale n'est pas seule suffisante pour faire disparaître les nombreux abus dont souffre la société contemporaine ; mais elle contribuera à les atténuer, en attendant que d'autres réformes apportent à l'édifice social les améliorations nécessaires.

Pour établir, au moins d'une manière approximative, la valeur totale de la richesse appartenant en France à des particuliers, nous trouvons un document important dans la statistique des successions déclarées en 1904, publiée dernièrement par le ministère des finances. On sait qu'au décès de chaque individu, les héritiers sont tenus de déclarer l'importance des biens laissés par le défunt, afin de payer à l'Etat l'impôt connu sous le nom de droit de mutation par décès. Cet impôt est calculé d'après l'importance des biens et le degré de parenté existant ou n'existant pas entre le défunt et ses héritiers ou légataires. Ce qui est intéressant ici, ce n'est pas de connaître le total des impôts payés, mais le total des capitaux déclarés. La statistique indique non seulement ce total général, mais encore le nombre des successions et le capital de ces successions, appartenant à treize catégories, établies suivant l'importance des successions comprises dans ces catégories.

Les successions en 1904

Les valeurs assujetties, en 1904, au régime nouveau se sont élevées àFr. 5 657 563 154

Le passif déduit de cette somme a, d'autre part, atteint le total de383 756 754

L'actif net, soumis a l'impôt, s'est ainsi trouvé ramené au chiffre de5 273 806 400

Le nombre des successions déclarées s'est élevé à 394 787, dont 329 467 sans passif déductible, 52 134 présentant un excédent d'actif et 13 186 négatives.

Les 381 001 successions ayant donné lieu à perception ont été classées, d'après l'importance de leur actif net, en treize séries graduées :

					Nombre	Sommes
					——	——
						francs
De	1	à	500	fr..	119 539	30 398 636
De	501	à	2 000	..	102 785	129 144 291
De	2 001	à	10 000	..	103 157	496 312 979
De	10 001	à	50 000	..	42 042	887 986 395
De	50 001	à	100 000	..	6 876	488 141 473
De	100 001	à	250 000	..	4 449	698 891 939
De	250 001	à	500 000	..	1 548	553 801 753
De	500 001	à	1 000 000	..	724	492 494 922
De	1 000 000	à	2 000 000	..	311	449 948 854
De	2 000 000	à	5 000 000	..	123	350 853 423
De	5 000 000	à	10 000 000	..	33	230 233 821
De	10 000 000	à	50 000 000	..	11	214 539 944
Au-dessus de			50 000 000	..	3	250 457 970
		Totaux.......			381 601	5 273 806 400

CHAPITRE II

Répartition des richesses

Une autre statistique, établie d'après les données des Sociétés d'Assurances sur la vie, prouve que la vie moyenne en France est d'environ trente-cinq ans. Nous pouvons donc, par le tableau qui précède, avoir le chiffre assez exact du nombre des propriétaires existant en France, ainsi que de leur fortune, en multipliant par 35 les chiffres donnés dans chacune des catégories indiquées ci-dessus. Nous obtenons les résultats indiqués dans le tableau suivant :

CATÉGORIES	NOMBRE des proprié- taires	TOTAL de leur fortune	MOYENNE de la fortune dans chaque catégorie

De		à		fr.			
De	1	à	500	fr.	4 183 865	1 063 952 225	254
De	501	à	2 000		3 597 475	4 520 050 185	1 250
De	2 001	à	10 000		3 610 495	17 391 964 265	4 000
De	10 001	à	50 000		1 471 470	31 079 523 825	28 000
De	50 001	à	100 000		240 660	17 084 941 555	71 900
De	100 001	à	250 000		155 715	24 461 217 865	160 000
De	250 001	à	500 000		54 180	19 383 061 355	357 753
De	500 001	à	1 000 000		25 340	17 237 322 270	680 000
De	1 000 001	à	2 000 000		10 885	15 748 209 890	1 447 000
De	2 000 001	à	5 000 000		4 305	12 379 889 805	2 875 750
De	5 000 001	à	10 000 000		1 255	8 058 183 735	7 217 400
De	10 000 000	à	50 000 000		363	7 508 898 040	20 686 000
De	50 000 000	et	au-dessus		105	8 566 028 950	85 000 000
					13 356 113	184 483 243 965	

On nous répète dans tous les discours officiels, dans les livres des économistes, dans les journaux, qu'en France la fortune est très bien répartie, que nous sommes dans le pays où règne l'égalité la plus parfaite sous toutes ses formes. Nous pouvons juger de l'énormité de ce mensonge, passé à l'état de légende, par la comparaison facile à établir dans le tableau suivant, indiquant, dans chaque catégorie, le nombre des propriétaires dont les fortunes réunies produisent une somme égale à celle d'un seul propriétaire de la plus riche catégorie :

CATÉGORIES	MOYENNE DE LA FORTUNE	NOMBRE DE PROPRIÉTAIRES représentant 85 millions de francs
1re	254	334 616
2e	1 250	68 000
3e	4 000	21 250
4e	28 000	3 030
5e	71 900	1 180
6e	160 000	530
7e	357 753	238
8e	680 000	125

9ᵉ	1 447 000	59
10ᵉ	2 875 750	38
11ᵉ	7 217 400	12
12ᵉ	20 686 000	4
13ᵉ	85 millions	1

Nous pouvons faire remarquer, en outre, que le nombre considérable des personnes qui meurent, sans même figurer pour 20 sous aux tables de l'enregistrement, est un élément de plus, s'ajoutant aux autres pour établir l'extrême inégalité de la répartition de la richesse.[1]

Nous avons pris pour appréciation en cette matière les déclarations de l'actif des successions ; il faut cependant rappeler encore que les valeurs mobilières au porteur et les valeurs étrangères échappent aux investigations du fisc pour une part difficile à déterminer. On peut, toutefois, tenir pour certain que les grandes fortunes surtout trouvent là un moyen de dissimuler une part plus ou moins importante de leur actif. On a cité dernièrement la fortune de M. Alphonse de Rotschild dans laquelle on aurait compris

---

1 Un ancien, découragé par le spectacle de la société de son temps, s'écriait que la vertu n'est qu'un nom ; un moraliste moderne pourrait bien dire à juste titre que notre devise : liberté, égalité, fraternité, n'est qu'un mensonge sous trois noms différents. Nos économistes orthodoxes ne feront croire à personne que le possesseur de 83 millions de francs, placé au sommet de la hiérarchie féodale moderne, paie autant d'impôts, d'impôts indirects notamment, que les 334 648 individus placés au bas de cette hiérarchie, et possèdent, tous réunis, une égale richesse. Ce citoyen, 83 fois millionnaire, supporte certainement mille fois moins d'impôts que ces derniers, et cependant sa fortune est égale à la somme totale du petit avoir de chacun de ceux-ci. Bien mieux, il ne *supporte* rien si sa fortune est toute entière en rentes ou en certaines valeurs mobilières. Voilà ce fameux impôt sur la chose, si vanté par M. Jules Roche et par les partisans du veau d'or toujours debout. N'est-il pas démontré par cet exemple que nos impôts, ne tenant pas compte de la situation individuelle du contribuable, n'ont aucune proportion avec ce qu'il possède. Admettons l'hypothèse du grand orateur et faisons payer au possesseur des 83 millions un impôt égal à ce que paient les 334 626 contribuables possédant aussi 83 millions, et nous verrons qu'en moins de trois ans, les 83 millions du premier auront passé tout entiers dans la caisse du Trésor qui joue dans notre mythologie financière le rôle du tonneau des filles de l'antique Danaüs. — Ou bien ne faisons payer à ces 334 626 possesseurs de 83 millions qu'un impôt égal à celui que paie le possesseur de semblable somme ; nous les verrons dans la joie de ne plus payer que 20 ou 40 sous chacun au lieu des 20 ou 40 francs qu'ils supportent actuellement.

Jules Dufay

seulement 900 millions. Or, certains journaux et certains publicistes prétendent qu'elle doit s'élever à plusieurs milliards, en faisant remarquer qu'il avait lui-même reçu par héritage une fortune déjà égale à cette somme, il y a trente ans ; le simple jeu automatique de l'intérêtsimple ou composé de ce premier milliard aurait augmenté ce noyau de deux nouveaux milliards au moins. Il en est de même sans doute des autres énormes fortunes comprenant presque toutes d'importantes valeurs mobilières dont la dissimulation est facile avec la loi actuelle qui permet les titres au porteur.

Les grandes fortunes de certains Français ou naturalisés Français sont donc encore supérieures à celles révélées par les documents fournis par l'Enregistrement.

Ajoutons que les noms des possesseurs de ces fortunes sont un secret d'Etat en France, tandis qu'en Angleterre et en Amérique, chaque année, l'administration publie les noms et le chiffre des revenus des personnes riches. En France cette publication passerait pour être une énormité impardonnable et très dangereuse.[1]

En ce qui concerne l'Angleterre, où les droits de mutation par décès se perçoivent comme en France sur les valeurs mobilières et immobilières des successions, nous trouvons un document intéressant dans l'ouvrage de M. Leroy-Beaulieu (*Essai sur la répartition des richesses*, Paris, Guillaumin 1897 pag. 539). En 1895, les successions de l'année se seraient élevées à 6.600 millions en chiffre rond, sans y comprendre les successions inférieures à 2.500 francs, évaluées a 17 millions et demi. Le fisc anglais montre en cela plus d'humanité que le fisc français qui frappe même les successions de vingt sous.

L'ouvrage de M. Garelli : *L'Imposta successoria* (Torino, Bocca, 1896 pag. 138-141) donne la valeur des biens immeubles déclarés pour l'évaluation de l'impôt sur les successions, dans le même Royaume-Uni, en 1894, s'élevant à 180 680 000 livres sterling, et celle des biens meubles à 141 421 000 livres sterling, le tout représentant 7 milliards et demi de francs. Garelli fait remarquer qu'en 1895 les valeurs successorales en France se sont élevées à 5 741 280 596

---

1 Dans le Massachussets, on publie chaque année le tableau de toutes les personnes possédant un revenu supérieur à 2000. Cette publicité est réclamée dans plusieurs autres états. Le canton de Zurich a publié l'état des revenus et des impôts de 7500 contribuables. (Zurich, Arnold Beppo, 1903.)

francs, dont 2 890 316 527 en biens meubles, et 2 844 964 069 en immeubles.

Ceci nous confirme dans cette idée qu'en France une partie importante des valeurs mobilières échappe au droit de mutation par décès : la richesse, en France doit être au moins égale à celle de l'Angleterre, surtout depuis que la terre anglaise a perdu plus de la moitié de sa valeur par l'effet du libre échange.[1] S'il y a une différence de plus d'un milliard dans les données de l'enregistrement, pour une seule année, cette différence s'élèverait à environ 35 milliards entre la richesse totale des deux pays, ce que les statistiques ne confirment pas. Cela tient sans doute à ce qu'en Angleterre toutes les valeurs mobilières sont, en principe, nominatives, ce qui empêche la dissimulation.

CHAPITRE III

Abus et conséquences des grandes accumulations de richesses en quelques mains

« Vers la fin de l'année 1881, on estimait à 3 milliards le capital disponible à la Bourse de Paris en sommes destinées aux reports, ou données aux intermédiaires comme couverture, ou tenues en réserve par les joueurs, ou engagées dans les spéculations. Les affaires traitées dans cette Bourse par les agents de change représentaient en 1855 une somme de 65 milliards. Elles en représentent plus de 110 aujourd'hui, et encore faut-il ajouter à ce chiffre les 77 milliards mangés par les commissions. Quant à la nature de ces affaires, on calculait, il y a quelques années, qu'il y en avait une de réelle sur 16 ou 18. Plus récemment, a Londres, on a calculé que sur 20, 19 sont de simples jeux de bourse. » (Camille Supino ; *La Borsa e il capitale improduttivo*, Milano, Hoepli, 1898,

---

1 Toutefois, M. Colson, dans son *Cours d'économie politique* (Guillaumin p. 111) reconnait la supériorité de la richesse anglaise sur la nôtre, malgré la dépréciation du sol : sans doute à cause de sa puissance industrielle et commerciale, « pour l'Angleterre, dit-il, le seul pays sur la richesse duquel nous ayons des données un peu précises, on peut à la rigueur, essayer une évaluation et dire qu'une dette égale aux deux tiers de la nôtre pour un pays dont la richesse est peut-être une fois et demie celle de la France, représente un fardeau moitié moins lourd. »

Jules Dufay

92 et 173)[1]

« On peut évaluer la détraction subie de ce chef par le profit du capital productif, quand on songe que, dans le monde de la Banque et de la Bourse, uncapital qui ne rend pas 20 ou 25 % considéré comme pauvrement employé. » (Loria, Analisi della propr. capit., I, p. 560).

*

Le danger de ces grandes accumulations de capitaux mettant entre les mains de quelques hommes quelquefois le sort de tout un pays, vient d'être clairement signalé par M. Max, le 3 octobre 1905,[2] à la suite des récentes catastrophes financières, « Un fait d'ordre purement financier, dit-il, suffit à produire le plus dangereux ébranlement dans un édifice qu'on pouvait croire invulnérable. En réalité,

---

1 N'y aurait-il pas moyen de diminuer le nombre fantastique et le danger de ces jeux de bourse démoralisants qui mettent en mouvement chaque année une valeur très supérieure à toute la richesse mobilière de la France ? Un impôt de mutation réduit même à 1 % modifierait tout au moins cette fureur de jouer qui s'empare même de nos cultivateurs ; ils perdent quelquefois en un seul jour ce que le travail d'un homme ou d'une famille entière a pu acquérir en vingt ou trente années. Double résultat excellent d'un pareil impôt : il rendrait plus fixe cette richesse mobilière, au grand avantage des familles qui la possèdent, et permettrait de dégrever d'autant la mutation des immeubles plus imposés que jamais. Si les 110 milliards et les 77 milliards signalés par M. Camillo Supino, soit 187 milliards, avaient subi un droit de mutation de 1 %, l'État aurait encaissé 1.800 millions. A supposer que ces mutations aient été réduites de moitié et que l'impôt ait produit seulement 800 millions, ne serait-il pas plus légitime et plus moralement acquis que pareilles sommes prélevées sur le travail agricole, le plus pénible et le plus utile de tous. Un peu moins d'impôts sur les champs et un peu plus sous la coupole de la Bourse, l'État y gagnera et la morale aussi. Le bulletin de statistique et de législation comparée de septembre 1903 constate que l'ensemble des titres coté en France dépasse 133 milliards. Un impôt de 1 ‰ sur le capital de ces valeurs fournirait encore 133 millions ; quelle somme insignifiante sur une pareille quantité de richesse, et quel allègement elle procurerait à nos masses ouvrières et à nos très petits propriétaires sur lesquels s'acharne le fisc avec nos prétendus impôts proportionnels. Quant à l'impôt sur le revenu des valeurs mobilières tel qu'il existe aujourd'hui, M. Colson (p. 263-266) l'évalue à 80 millions en 1903 ; l'impôt sur le timbre à 43 millions, et le droit de transmission à environ 30 millions : en tout 173 millions. Or nous venons de dire que le simple droit de transmission à 1 % donnerait 800 millions et le droit de 1 ‰ sur le capital donnerait 132 millions, soit au total 932 millions. Il y a là une marge importante à occuper par l'impôt sur la richesse mobilière, ce qui soulagerait d'autant la richesse immobilière et la population rurale, surtout si on applique la méthode de l'exemption à la base et d'une progression rationnelle sur le capital et le revenu supérieurs.
2 Imprimerie Henri Hobarge, Paris, *Tablettes financières*.

plus grandit la puissance des établissements de crédit, plus précaire est leur destinée. Plus que n'importe quelle organisation humaine, ils restent soumis à la loi du développement, de l'apogée et de la chute. En histoire comme en finance, les grands organismes renferment un germe de mort parce que leur développement même constitue leur faiblesse..... Mais ce n'est pas là le seul danger que courent les grands établissements. Nous en avons trois, en France, qui ont à peu près monopolisés ressources entières du pays. Nulle part la manie de centralisation qui est dans les mœurs françaises n'a abouti à une organisation économique aussi critiquable. Que voyons-nous à l'étranger, en Angleterre, en Allemagne, aux États-Unis ? Vingt, trente, cinquante « banques, toutes riches, puissantes, considérées, ayant la confiance de la clientèle, remplissant le rôle que se sont arrogés chez nous trois seuls grands établissements. Aussi, l'équilibre est-il assuré, dans ces pays, d'une façon absolue..... Du jour où des événements vraiment graves ne pourront pas être conjurés, l'écroulement se produira en France. La presse est tout ce qu'il y a de plus réservé à cet égard ; c'est à peine si, dans quelques journaux étrangers, on a fait allusion à un état de chose ignoré du grand public.... Il faut convenir qu'aujourd'hui, où l'argent est le maître du monde, au point que le canon ne tonne plus que pour le défendre, tout est subordonné aux intérêts, et que les directeurs de la politique internationale n'ont pas d'autre conception. Il ne faut pas rester dans une aveugle sécurité, en face des risques que court notre organisation financière déséquilibrée et par cela même, hors d'état de résister au premier choc violent qui se produira inévitablement ; c'est une question de temps, voilà tout. »

Les abus et les dangers signalés par la presse trouveront certainement une atténuation dans le système fiscal mettant un frein salutaire aux immenses accumulations de richesses que permettent la spéculation et l'usure, d'un côté, et que facilite, de l'autre côté, notre régime d'impôts actuel improprement appelé proportionnel, demandant moins à la fortune à mesure qu'elle devient plus considérable. Pourquoi la mutation, l'achat d'une terre pour 100 000 francs est-elle frappée d'un impôt de 8 000 francs, quand l'achat d'une rente de même valeur ne coûte rien, ou d'une valeur industrielle ne paie pas 300 francs ?

*

Jules Dufay

D'autres conséquences fâcheuses de ces grandes accumulations de richesses au détriment de la collectivité sont signalées par un autre écrivainindépendant et clairvoyant dans le journal *La Libre Parole* du 18 octobre 1905. Il est bon de remarquer que les États, mis par M. Drumont en comparaison avec la France, sont précisément ceux où l'impôt a soin d'épargner le travail et la petite propriété et où il frappe davantage la richesse.

« Depuis trente ans, dit-il, notre commerce extérieur s'est accru dans la proportion de 14 % seulement. Pendant le même laps de temps, il augmentait en Allemagne, de 53 %, en Belgique de 52 %, en Angleterre de 21 %, en Suisse de 25%.

Il y a trente ans, quand on voulait parler des grands ports de l'Europe, on mettait en avant le Havre et Marseille, on ne pensait pas à Hambourg. Aujourd'hui le trafic de ce seul port de Hambourg égale, s'il ne le dépasse, le trafic de tous nos ports français réunis.

Un savant statisticien, M. Victor Turquan, a calculé que, depuis vingt ans, la fortune moyenne de chaque Français ne s'est accrue que dans 42 départements ; elle a diminué dans les autres. Dans le plus riche, le département de la Seine, elle s'est abaissé de 16.376 fr. à 16.210 francs dans le plus pauvre, le département de la Corse, elle est descendue de 360 fr. à 290 francs.

Tous nos impôts ont augmenté dans des proportions effrayantes.

C'est ainsi que, depuis 1870, l'impôt foncier a augmenté de 13 %, le produit de la contribution personnelle et mobilière de 82 %, celui de la contribution des portes et fenêtres, de 71 %, celui des patentes de 103 %. Aucune classe sociale n'est épargnée dans ces formidables augmentations de charges ; le paysan qui possède un petit bien est atteint comme le riche propriétaire, l'employé qui paie un modeste loyer comme le petit commerçant.

M. Turquan estime que la valeur des revenus annuels de chaque Français est absorbée maintenant en six ans et la valeur du capital en cinquante ou soixante ans. Dans certains départements, les Français sont réduits à refaire leur fortune tous les trente ans. La fortune léguée par un père à ses enfants est absorbée par les impôts en moins d'une génération....

Comment voulez-vous, dans ces conditions, que le commerce et l'industrie d'une nation puissent se développer ? Comment voulez-vous que la France puisse vivre d'une vie saine et normale, quand elle est obligée de traîner ce boulet d'une dette de 86 milliards pour les intérêts de laquelle elle est obligée de prélever chaque année 1.250 millions sur le travail national ? Comment voulez-vous qu'elle ne soit pas écrasée par la concurrence de ses rivales, alors que son budget, qui, en 1876, les indemnités de guerre payées, s'élevait à 2 milliards 614 millions, dépasse aujourd'hui 3 milliards 700 millions de francs.

La situation est donc très grave, personne ne le conteste, ni M. Jules Roche, ni M. Méline, ni M. Rouvier, ni ceux en général qui s'opposent à la réforme fiscale. Au milieu de cette dépression universelle, nous ne voyons pas moins des fortunes colossales s'élever et dominer davantage la direction dangereuse des affaires politiques et économiques. Pourquoi s'opposer à une réforme fiscale qui n'a rien de violent, puisqu'on la pratique ailleurs, et qui diminuerait le danger ? Il y aurait une statistique fort intéressante à faire au sujet de la répartition anormale de nos impôts. Si le Parisien possède en moyenne 16.200 francs, le Corse 200 francs seulement, les impôts par tête sont-ils dans la même proportion ? Le Corse ne paie t-il que 2 fr. 90 d'impôts, quand le Parisien paie 162 francs. Un calcul assez facile à faire prouverait à coup sûr que le Corse paie quatre ou cinq fois plus que sa part, quand peut-être il ne devrait rien payer.

*

Si les calculs de M. Turquan sont exacts, (je crois même que l'absorption du revenu et du capital par l'impôt est encore plus rapide pour les petites fortunes), l'État réalise dès maintenant un procédé de socialisation, de nationalisation, de collectivisme, – peu importe le mot, – recommandé par une partie de l'école italienne : M. Eugenio Rignano, dans son ouvrage *Un socialisme en harmonie avec la doctrine économique libérale* (traduction française chez Giard et Brière, 1904, Paris) parle des prélèvements successoraux progressifs dans le temps, comme d'un système excellent pour réduire le nombre des oisifs, des parasites qui privent la société de tout le travail qu'ils auraient dû accomplir dans d'autres circonstances. C'est très simple et bien moins compliqué que notre système actuel. Un père meurt et laisse à ses enfants toute sa fortune, sans aucun droit de mutation. L'enfant devient père à son

Jules Dufay

tour ; il ne pourra transmettre à ses enfants que *la moitié* de ce qu'il avait reçu par héritage de son père, mais la totalité de ce qu'il aura pu épargner par son travail. À la troisième génération, nouveau prélèvement par l'État de la moitié des biens héréditaires et ainsi de suite, *de progenie in progenies*. Pas d'autres impôts, c'est d'une simplification admirable.

Cela a l'air d'une histoire, d'un conte, d'une véritable expropriation. Eh bien ! notre législation française sans en avoir l'air, prélève beaucoup plus vite que cela les biens héréditaires, surtout dans les cas où elle prétend intervenir *pour la protection des droits des incapables*. Les grosses fortunes seules échappent à ces razzia radicales ; elles peuvent se transmettre à plusieurs générations sans trop de dommage ; ceci donne encore, en passant, matière à réflexion.

*

Un livre tout récent vient de mettre en relief les jolis effets de la puissante ploutocratie aux Etats-Unis d'Amérique. Dans *Notre Féodalité charitable*, M. Ghent en fait une peinture qui ne manque pas d'intérêt :

La démocratie américaine appelle ces millionnaires les coal barons (barons du charbon) et rit volontiers de leurs allures seigneuriales. Le livre sérieux de M. Ghent menace les Etats-Unis d'un retour au servage et au vasselage, tout en faisant remarquer que plusieurs de ces barons jouissent de leur luxe par procuration ; ce sont leurs femmes et leurs fils qui convertissent l'argent en plaisirs, pendant que le papa convertit le travail en argent. Le milliardaire ne se soucie pas de prendre part lui-même aux bals de légumes ou aux bals de chiens dans lesquels la fille se déguise en chou-fleur et le fils se met un collier et aboie, à la grande joie des invités. Pendant ces intelligentes réjouissances le nombre des propriétaires décroit, tandis que celui des fermiers s'accroît ; les premiers, qui cultivaient 75 % du sol en 1880, n'en cultivaient déjà plus que 65 % en 1900. Les marchands tombent dans la dépendance des gros industriels et ne se recrutent plus guère que parmi les invalides de la lutte pour la vie. La complexité des affaires multiplie les employés et le luxe multiplie les domestiques. L'employé est sans protection contre le patron ; la législation fabriquée par les milliardaires permet à l'ouvrier de renoncer d'avance à toute indemnité en cas d'accident. Les

députés de l'Ohio avaient fait une loi pour interdire le renonce-
ment de l'ouvrier à l'indemnité ; la Cour de justice de l'État cassa
cette loi comme inconstitutionnelle, sous prétexte qu'en refusant
aux employés le droit de choisir les termes de leurs contrats, elle les
privait d'une liberté qui est le privilège imprescriptible de l'homme.
Les Cours de trois États ont déclaré inconstitutionnelles les lois li-
mitant la durée du travail des femmes ; les féministes américains
ont témoigné ainsi leur délicatesse envers la femme en consacrant
son droit au surmenage, aussi bien que pour les hommes. En ce
qui concerne les ouvriers, treize seulement des États imposent des
mesures précises aux industriels pour leur sécurité. Un jugement
du Colorado reconnaît que les défauts de structure d'une mine ont
causé la mort d'un ouvrier, mais déclaré que le défunt ayant couru
les risques d'un travail dans un endroit dangereux, *sa conduite volontaire est la cause déterminante immédiate et responsable de son
accident.*

Dans le Michigan, un ouvrier est blessé après avoir signalé les
défauts de sa machine à son patron qui lui assure qu'elle n'est pas
dangereuse. La Cour décide que, *quand on sait une machine dangereuse, on ne continue pas à s'en servir simplement parce que le
patron assure qu'elle ne l'est pas, et que si l'ouvrier reste à un outil
périlleux, c'est à ses risques et périls.* Les lois de New-York imposent
des manchons autour des poulies ; la Cour a décidé que, comme le
danger des poulies est évident, l'ouvrier qui en accepte les risques
perd sesdroits à l'indemnité ; elle a même décidé dans le même
sens au détriment d'enfants de 14 et 15 ans, sous prétexte que les
lois protectrices de l'enfance ne s'appliquent pas à ceux qui ont atteint l'âge de raison.

M. Ghent croit que le préjugé de la liberté individuelle entraîne de
plus en plus le pays vers une anarchie qui sera le servage des faibles.
On semble pousser la respect de la liberté jusqu'à la superstition ;
il est facile de voir que là encore une décentralisation administra-
tive et même politique est une insuffisante garantie contre l'exploitation du faible par le fort, si l'organisation économique du pays
donne à quelques favorisés la possession des richesses acquises par
le travail de tous. Ce qui peut sauver actuellement d'une révolution
immédiate la société américaine, c'est qu'elle repose sur la *mobilité
des individus* : tout homme est, à tout moment, libre de changer de

place et de trouver facilement du travail ailleurs, dans un pays où le travail surabonde. Sans cette circonstance, la féodalité financière de l'Amérique serait pire que celle du Moyen-Age, parce qu'elle n'a pas de loi qui impose des obligations à la classe forte envers la classe faible. Ces classes n'existent pas comme groupements durables ; chaque individu espère s'en désagréger dès le lendemain. D'après cette peinture, la vie des basses classes d'Amérique serait a peine humaine, si ceux qui les forment n'avaient la confiance et la possibilité d'en sortir. Les individus s'échappent un à un de la servitude collective.

Qu'arrivera-t-il à cette immense société américaine, si elle découvre que, de la liberté, il ne reste que l'anarchie, et si le pouvoir politique supérieur, sous la pression de l'opinion publique, ne met pas un frein à cette puissance désordonnée de l'argent.

Voila ce que tend à devenir la liberté dans cette libre Amérique qu'on nous vante sans cesse. Pendant qu'une douzaine de milliardaires s'atrophient le sens moral, sous le poids de leurs richesses colossales, des millions d'hommes, de femmes et d'enfants travaillent encore inconsciemment à l'accumulation de ces richesses qui font le malheur des uns et des autres.

Et des économistes fameux viennent nous dire, en France : Vous le voyez bien, l'impôt progressif n'existe pas en Amérique. — Certes oui, je le vois bien, et je vois bien aussi les résultats de ce manque de précaution, et j'entends les milliardaires répondre aux revendications des travailleurs comme le loup de la fable :

La raison du plus riche est toujours la meilleure.

Mais je crois bien qu'en France nous verrons clair plus tôt qu'en Amérique. Nous lui donnerons peut-être un jour l'exemple de lois protectrices apportant là-bas le secours qui aidera encore une fois les Américains à s'affranchir de leurs modernes conquérants. Est-il dans l'ordre naturel des choses que l'humanité passe par ces épreuves pour s'élever à une conception plus haute de la justice ? En attendant, la lecture du livre de M. Ghent est peut-être destinée à produire dans les esprits la même évolution que la fameuse « Case de l'oncle Tom », il y a un demi siècle passé.

CHAPITRE III

CHAPITRE IV

Absorption des produits du travail par l'impôt la spéculation et l'usure.

Nous venons d'établir l'extrême inégalité existant en France dans la répartition de la richesse.

Cette même inégalité existe peut-être encore davantage en ce qui concerne le produit du travail.

Pendant que plus de la moitié des Français sont privés de tout capital ou n'en possèdent qu'une fraction infinitésimale, l'autre portion, jouissant de la possession d'une part beaucoup plus importante du capital, trouve encore une supériorité considérable dans le produit du travail : la possession d'un capital, une instruction supérieure, l'influence de l'hérédité, le milieu social assurent à cette partie privilégiée des revenus infiniment plus élevés que ceux de la classe qualifiée de prolétaire.

Et cependant dans la distribution, dans la répartition des impôts, nos lois actuelles n'ont tenu aucun compte de cette énorme disproportion. Au contraire, il semble souvent qu'elles se sont attachées à maintenir les impôts établis par des lois surannées, ou même à en créer de nouveaux, comme si le problèmeconsistait à trouver de l'argent là où il n'y en a pas, et à n'en pas demander là où il y en a. La plupart de ces impôts ne tiennent aucun compte de la situation personnelle du contribuable ; le fisc ne s'occupe pas de savoir s'il a des dettes, s'il a des charges de familles, de vieux parents à entretenir. Sous prétexte que l'impôt doit frapper la chose, comme le dit M. Jules Roche, il frappe brutalement la personne qui possède la chose, sans s'occuper de savoir si le produit de cette chose et le produit du travail ne sont pas déjà insuffisants pour les nécessités les plus urgentes de la vie. Si l'on étudie le système fiscal pratiqué dans les autres États de l'Europe, on est fort étonné de constater qu'il n'y a plus guère qu'en France et en Turquie où l'on s'effraye de l'impôt sur le revenu, de l'exemption de l'impôt sur le nécessaire, et de la progression de l'impôt sur le superflu, c'est-à-dire sur le revenu à mesure qu'il progresse lui-même. C'est encore en France que les impôts sur les objets de consommation sont le plus élevés ; que les frais de procédure atteignent, pour les petites fortunes, des chiffres tels qu'ils absorbent non seulement le revenu, mais souvent le capital entier. Depuis un siècle, chaque année les statistiques officielles constatent ces faits déplorables, les pétitions arrivent par milliers aux chambres ; c'est à peine si, après un siècle d'hésitation, on a enfin obtenu quelques réformes dont le résultat a tourné encore plutôt contre les victimes du système. On signale partout l'aggravation de la misère, la dépopulation des campagnes, la disparition du petit propriétaire, le chômage du travail dans les industries, la diffusion de plus en plus grande des doctrines anti-sociales parmi les nombreuses classes d'ouvriers et de prolétaires ; rien n'y fait. La ploutocratie, maîtresse de tous les rouages de la société, ne veut rien entendre ; elle considère, ou fait semblant de considérer toute réforme comme une atteinte au droit sacré de la propriété. La classe moyenne elle-même qui aurait plutôt a bénéficier de la réforme, se soulève contre elle, en jetant des cris de terreur, tant il lui est impossible de sortir de la routine et des préjugés héréditaires. Le socialisme et le collectivisme la menacent directement ; elle ne veut pas le comprendre ; elle traite de poison tous les remèdes, surtout les réformes fiscales, destinés à améliorer le sort des millions de travailleurs privés de tout capital et d'une partie importante des produits de leur travail, par les détenteurs des fortunes immenses dues presque toutes à la spéculation, à l'agiotage et à l'usure.

C'est à peine si notre gouvernement, même sous sa forme ré-publicaine et démocratique, ose échapper à cette puissance par quelques réformes a peu près insignifiantes.

Les événements parlent cependant : c'est évidemment l'état de malaise général de notre société qui fait rechercher les moyens d'y mettre fin par la violence et les procédés révolutionnaires.

Et, devant la résistance de la classe possédante, certains esprits hardis proclament la suppression de la propriété privée et trouvent une oreille attentive dans la classe victime de cet état social, tandis qu'il serait si facile, par la réforme du système fiscal, et d'autres encore, de donner satisfaction aux aspirations populaires, sans compromettre le principe de la propriété, mais en atténuant seulement les abus dans l'application de ce principe.

« Ils ont fondé leur bien à eux, dit Lammenais (Livre du Peuple, page 100), sur le mal des autres, et ils voudraient persuader à ceux-ci que leur misère est irrémédiable et qu'essayer seulement d'en sortir serait une tentative aussi criminelle qu'insensée… La misère qu'on dit irrémédiable, vous avez au contraire, à y remédier ; et puisque l'obstacle n'est pas dans la nature, vous le pourrez, sitôt que vous le voudrez, car ceux dont l'intérêt, tel qu'ils le comprennent faussement, serait de vous en empêcher, que sont-ils près de vous, quelle est leur force ? Vous êtes cent contre chacun d'eux. »

Lammenais pourrait dire aujourd'hui, grâce au progrès de la concentration de la richesse entre les mains de quelques-uns : Vous êtes cinq cents et même mille contre chacun d'eux.

CHAPITRE V

Le travail, seule source légitime de la richesse

Il n'est pas nécessaire de réfléchir longtemps pour se convaincre de cette vérité, que toute richesse est créée par le travail de l'homme, et que la *rente*, cette différence entre le produit brut et la dépense, va au capital, en sorte que le possesseur de ce capital peut vivre sans travail au moyen du prélèvement qu'il opère sur le produit, par intérêt ou usure, par le fermage et le loyer. Nous avons, en France trois cent mille rentiers qui n'ont pas autre chose à faire que de vivre sur le produit de douze millions de laboureurs, ouvriers, artisans, etc. La statistique le démontre d'une manière certaine, et nous osons marchander lorsqu'on vient nous dire que notre devoir est de supporter la grande part de l'impôt, de fournir à la collecti-vité qui nous donne tout, une part de ce qu'elle nous donne, plus grande que celle fixée par les lois actuelles. Attendrons-nous, dans notre imprévoyance, que les masses ouvrières, les millions de tra-vailleurs plus instruits et plus convaincus de leurs droits, viennent dire aux détenteurs de la richesse : « C'est nous qui créons cette richesse, et ce n'est pas nous quiavons fait les lois au moyen des-quelles vous vous attribuez une part trop considérable des produits qui sont notre œuvre. Vous abusez de la puissance du capital qui est entre vos mains et qui ne vous donnerait rien, si notre travail cessait de le féconder. »

Tout le socialisme, tout le communisme, tout le collectivisme sont dans ce raisonnement qui donne la formule vraie de ce qui existe dans les esprits, d'une manière peut-être vague et inconsciente, mais qui peut se réveiller tout a coup violente, irrésistible, dans un moment de révolution. Que faudrait-il pour déchaîner cette tempête où le droit de propriété individuelle serait attaqué dans son essence même ? Une guerre, une mauvaise récolte, une famine ? moins que cela peut-être, un simple accident, un fait personnel, un rien qui devient énorme, exagéré par la passion ?

Le dix-huitième siècle a supprimé assez brusquement les titres de noblesse ? Prenons garde que le vingtième ne se mette en tête de supprimer les titres de propriété. Cela ne pourrait pas se produire d'une manière perpétuelle et comme un principe social ; mais quel bouleversement, quelles difficultés ensuite de remettre les choses en place ! N'est-il pas plus simple et plus prudent, pour toutes les classes sociales, d'admettre ce principe, déjà connu et appliqué dans plusieurs grands États, de la progression de l'impôt, en raison de la richesse, et de l'exemption de l'impôt, en raison des charges de famille, et de l'insuffisance des ressources et de la privation de fortune ?

CHAPITRE VI

Nécessité d'affranchir le travail, et d'imposer davantage la richesse

Ducunt rolentem fata, nolemtem trahunt (Sénèques d'après Saint Augustin ; Cité de Dieu. Livre V. chap. VI.)

Si le lecteur a bien voulu nous suivre dans l'exposé des faits qui précèdent, il a dû se poser cette question : Comment sortir de cette confusion des choses, de ce déclassement universel des individus, de cette bataille de tous les jours de chacun contre tous ? Nous avons étudié surtout les deux éléments les plus fréquents et, en même temps les plus nécessaires d'une société : le travailleur des champs et le travailleur de l'industrie, ces deux chevilles ouvrières de toute grande civilisation. Nous les avons trouvés dans un état voisin de l'esclavage antique ou du servage qui a suivi la chute des civilisations grecque et romaine. Le machinisme moderne qui devait affranchir l'homme en le débarrassant de la partie la plus matérielle du travail, l'a rejeté, au contraire, sous le joug plus moderne de la forme actuelle de la richesse, le capital argent ; celui-ci, par l'usure qui s'y est attachée et qui est devenue légale, exerce une puissance aussi tyrannique qu'a pu l'être la puissance du patriciat romain ou du féodalisme européen armé du capital terre.

La richesse, avec son rôle providentiel, n'est plus appliquée et n'est même plus comprise. Elle est devenue, entre les mains de quelques-uns, non plus un moyen de venir en aide à peu près gratuitement au travail, mais le plus puissant moyen qui fut jamais, de s'agrandir indéfiniment en l'exploitant. Toute l'intelligence du capitaliste, isolé ou associé, se borne à faire fructifier son capital avec le produit, non de son propre travail, mais du travail des non-capitalistes. Par une sorte d'égoïsme traditionnel, peut-être par inintelligence de ce qui est juste, ce genre d'exploitation a fini par paraître absolument naturel, où nous en sommes arrivés, au commencement de notre vingtième siècle, après l'abandon du précepte de mutualité tombé en désuétude, disparu du texte de nos lois.

Comment rentrer dans le vrai droit ?

Est-ce en renversant complètement, notre état économique sans transition, du jour au lendemain ? C'est impossible.

C'est le temps, aidé de l'égoïsme humain, qui a déformé l'état social, le droit de propriété basé sur la justice et le travail ; c'est aussi le temps qui doit être le facteur nécessaire, avec le véritable esprit de fraternité, pour rétablir la société sur une base plus solide.

Limitons la puissance formidable de l'usure en lui demandant par l'impôt une part de plus en plus grande, à mesure qu'elle accumule davantage. Ce sera le commencement de la réforme. On enlèvera par la, à l'avidité insatiable de quelques uns, le moyen actuellement trop facile d'empêcher le travailleur d'arriver à la possession de cette fraction de capital et de cette indépendance que son travail devrait lui procurer.

Tous les hommes, tous les peuples seraient tranquilles sur la terre s'ils n'avaient à lutter que contre les difficultés qu'oppose la nature elle-même. La force que la Providence a donnée à chacun d'eux lui suffit dans cette lutte. Mais si les difficultés sont encore aggravées par celles que la législation elle-même peut y ajouter, la lutte n'est plus possible ; la liberté et l'égalité ne sont plus que de vains mots.

L'usure n'a pas son origine dans le droit naturel ; elle est le produit d'une législation qui s'est éloignée de ce droit naturel. Elle est l'adversaire du droit de propriété.

Le travail exploité par le capital, c'est-à-dire l'usure, voilà le danger.

Pour le conjurer, au point de vue qui nous occupe, trois mesures législatives nous paraissent indispensables :

1° Tenir compte, dans la répartition de l'impôt, de la situation personnelle du contribuable ; de là, nécessité d'exempter de tout impôt le revenu nécessaire à lui et à sa famille, et de déduire le passif pour la fixation du capital et du revenu imposables.

2° Réaliser le problème de la vie à bon marché, en dégrevant d'impôts tous les objets de consommation, sauf l'alcool et le tabac jugés plutôt nuisibles qu'utiles. Ces impôts atteignent près de 300 millions, payés indistinctement par tous, en conséquence par les travailleurs infiniment plus nombreux que ceux qui composent les autres classes sociales.

3° Imposer la personne d'après son capital et son revenu, après les déductions ci-dessus, en augmentant avec sagesse la proportion mathématique à mesure que progressent le capital et le revenu.

Si, jusqu'ici, ces dispositions sont plus difficiles à introduire en France qu'elles ne l'ont été dans les nombreux États où elles fonctionnent à la satisfaction générale de la classe qui travaille, et où elles apaisent les luttes sociales, cela tient peut-être à ce que les possesseurs de la richesse sont plus égoïstes, ou à ce qu'ils comprennent moins bien leur véritable intérêt.

En introduisant ces éléments dans l'ensemble des lois fiscales, on se rapprochera du vrai droit, on rendra au capital son rôle utile, providentiel, en permettant à tous les membres de la société de jouir plus facilement des bienfaits de la propriété privée, reconnue par toutes les législations, les philosophies et les religions, comme le principe fondamental de toute civilisation.

CHAPITRE VI

Sous quelle forme le remplacement de quelques-uns de nos impôts doit-il se produire ? Qu'on établisse une sorte d'income-tax comme en Angleterre, s'adressant seulement aux revenus élevés, ou, comme en Prusse, et à Zurich, un impôt sur le revenu très rigoureusement surveillé, ou bien un impôt se prêtant davantage à certaines facilités bienveillantes comme en Autriche, en Italie, dans d'autres cantons suisses : peu importe le nom et le mode d'application. L'essentiel est de prendre en considération les habitudes nationales, les intérêts divers qui se trouvent en jeu, et de faire disparaître au plus tôt de notre législation, les charges écrasantes qui grèvent sous les formes les plus variées la petite et même la moyenne propriétés, au point de les empêcher de se former et même de se maintenir, là où elles existent encore.

En transformant en impôt progressif et personnel sur le revenu et sur le capital les 840 millions impôts que nous indiquerons, il restera encore près de trois milliards d'autres impôts auxquels continueront à contribuer le travail et la petite propriété, sous les formes diverses qu'affectent ces impôts. C'est bien suffisant pour rassurer nos millionnaires, effrayés à la pensée que les prolétaires seraient exempts de toute contribution. La réforme doit donc être proposée, au moins pour le remplacement de ces 840 millions d'impôts. Elle ne présenterait aucune utilité sérieuse, si on la restreignait aux quelques contributions comprises dans les projets soumis à notre parlement.

Quant aux difficultés d'exécution, je crois avoir démontré qu'elles sont bien loin d'atteindre celles que présente la perception de la plupart de nos impôts actuels ; ceux-ci rendent nécessaire, en effet, l'intervention d'un personnel bien plus nombreux, ce qui entraîne des frais plus considérables. La simple suppression des impôts indirects donnerait congé à plus de vingt mille fonctionnaires et rendrait la vie plus aisée a plus de dix millions de travailleurs.

*

La préoccupation de la lutte entre la richesse et le travail n'est-elle pas admirablement rendue dans ce passage d'un sermon de Bossuet prononcé le 9 février 1659 au séminaire des Filles de la Providence : « Les pauvres ont leur fardeau, et les riches aussi ont le leur. Les pauvres ont leur fardeau, qui ne le sait ? Quand

Jules Dufay

nous les voyons suer et gémir, pouvons-nous ne pas reconnaître que tant de misères pressantes sont un fardeau très pesant dont les épaules sont accablées ? Mais encore que les riches marchent à leur aise et semblent n'avoir rien qui leur a pesé, sachez qu'ils ont aussi leur fardeau. Et quel est ce fardeau des riches ? Chrétiens, le pouvez-vous croire ? ce sont leurs propres richesses. Quel est le fardeau des pauvres ? C'est le besoin. Quel est le fardeau des riches ? C'est l'abondance. Le fardeau des pauvres c'est de n'avoir pas ce qu'il faut, et le fardeau des riches c'est d'avoir plus qu'il ne faut. *Onus paupertatis non habere, divitiarum onus plus quam opus est, habere.* »

Et l'orateur termine ainsi : « Les riches reconnaîtront un jour que les richesses sont un grand poids et ils se repentiront alors de ne pas s'en être déchargés. »

Ce n'est plus la religion qui vient aujourd'hui demander aux riches de partager le fardeau de leur abondance avec le fardeau du besoin des pauvres. C'est à leur raison, c'est à leur propre intérêt que la justice s'adresse : « Prenez au moins à votre compte cette part de l'impôt qu'une loi trop rigoureuse fait supporter aujourd'hui par le nécessaire du pauvre ; prenez-la sur votre superflu pour lui laisser indispensable ; souvenez-vous que, sans son travail, votre capital terre serait aussi stérile que la pierre et que votre capital or ne vaudrait pas même du plomb. »

*

On ne se doute pas de l'importance capitale que peuvent avoir pour l'état économique et politique d'un pays, la loi civile sur l'intérêt d'argent et l'usure et la loi fiscale sur l'impôt. En moins d'un siècle, suivant que ces lois sont dirigées dans un sens ou dans un autre, une nation peut arriver à une organisation trèssolide du droit de propriété ou être livrée sans défense possible aux entreprises financières de quelques douzaines de mercantis étrangers ou nationaux. Ce n'est pas une aristocratie qui s'est ainsi formée, un choix parmi les meilleurs, jouant souvent un rôle utile à tous ; c'est une association d'agioteurs ambitieux, habiles, avides, n'ayant contact avec le peuple que pour l'exploiter et attirer à eux le plus clair produit de son travail. Il faut reconnaître que ce phénomène se produit sous toutes les formes de gouvernement, même sous le gouvernement à forme démocratique et républicaine, si des lois sages et énergiques, dictées par un intérêt sincère pour le peuple, ne mettent pas un frein aux entreprises financières de cette nouvelle espèce de féodalité.

Il est utile de signaler le danger de notre situation et d'indiquer quelques uns des moyens d'en atténuer les effets.

CHAPITRE VII

L'impôt progressif, correctif nécessaire de l'usure moderne admise en principe

L'ancienne législation juive n'admettait pas le prêt à intérêt *entre juifs* et nos législations européennes, jusqu'au dix-huitième siècle, ne l'admettaient pas non plus. Ces sociétés étaient fondées sur le principe très conservateur et très favorable au travail, du prêt sans intérêts : *mutuum date nil inde sperantes*. Notre société moderne ayant admis le prêt à intérêt, principe à mon avis, désorganisateur et spoliateur du travail, en ajoutant au capital une puissance qu'il n'a pas lui-même, il est nécessaire de donner a cette société, comme correctif et comme contrepoids, le principe de la progression de l'impôt. A défaut de ce correctif, la force des choses amènera, d'une façon automatique, la possession de la richesse générale par quelques détenteurs seulement ; ceux-ci, ayant ainsi en mains ce qui, en définitive, fait vivre une société, tiendront sous le joug de la nécessité et des besoins la totalité de la nation. Et ce résultat s'acquiert plus vite qu'on ne le suppose. Avec notre organisation sociale, ou, plutôt, notre désorganisation actuelle, on a vu, en moins d'un siècle, certaines familles arriver, par la spéculation, l'agiotage, le jeu de bourse, l'usure légale ou illégale, à posséder un capital de cent millions par exemple. En admettant, contre toute probabilité, car la soif de l'or est insatiable, que le possesseur de cette masse d'or, la prête à 3 %, ce qui donne trois millions à la fin d'une année ; 30 millions en dix ans, 300 millions en cent ans, et même plus d'un milliard, avec l'intérêt composé, voilà une famille qui devient, par ce fait, à peu près maîtresse des destinées de toute une population qui lui paie cet effrayant tribut. Et ce tribut ne ferait qu'augmenter,

Jules Dufay

si, à titre de correctif de cette pompe aspirante, la loi n'empêchait pas l'épuisement de la masse, par la progression de l'impôt qui ne fait que répondre à la progression mathématique du capital.

Pour peu que l'on pousse à fond l'examen des causes cachées de l'état d'anarchie de notre société économique, on trouve que c'est le prêt à intérêt qui a le plus efficacement démoli l'édifice social. Il a modifié tous les rapports entre le travail d'une part et le capital d'autre part, devenu infiniment plus puissant entre les mains de celui qui le possède. Les anciens arguments en faveur de la proportionnalité de l'impôt étaient acceptables, quand y avait aussi proportionnalité entre le capital et le travail. Aujourd'hui, il n'en est plus ainsi. Le capital, avec son intérêt, est devenu progressif. À son tour, pour rétablir l'équilibre, il est utile d'instituer un nouvel élément de combat au profit du travail. C'est dans l'intérêt, dans l'usure légale, ou non légale, que se trouve la force aggravée du capital : *in fœnore venenum*. Le contrepoids ou contre poison est dans l'aggravation correspondante de l'impôt. L'intérêt a mis une arme perfectionnée entre les mains de l'armée capitaliste ; il faut donner à l'armée du travail un bouclier qui puisse la défendre ; c'est l'impôt progressif. Une législation ne doit pas avoir pour but de faire quelques millionnaires, mais d'amener a l'aisance, à la culture morale et intellectuelle, le plus grand nombre possible de citoyens.

La présente brochure ne comporte pas un développement historique sur l'usure. Rappelons seulement que celle-ci était condamnée comme une faute, presque un crime, par Moïse, par Jésus-Christ et, depuis, par la législation canonique positive jusqu'à la fin du XVIII° siècle.

St-Augustin la condamne, il l'appelle le meurtre des pauvres, même quand elle est dans les limites permises par les lois romaines. Le concile de Tours dit que l'usure est détestable. Il faut prêter, dit-il, comme on fait l'aumône, non à son profit, mais pour le bien de l'indigent ; alors le prêt se fera selon son véritable esprit et la société n'en ira que mieux. Jean Chrysostôme, évêque de Constantinople, qui vivait dans cette société bysontine presque aussi corrompue que la nôtre par l'argent et par l'usure, reproduit l'argument, qu'Aristote tirait de la stérilité de l'argent : « Quoi de plus déraisonnable, dit-il, que de semer sans terre, sans pluie, sans charrue ; aussi, tous ceux qui s'adonnent à cette damnable agriculture n'en moissonnent que de l'ivraie. Retranchons donc ces enfantements monstrueux de l'or et de l'argent ; étouffons cette exécrable fécondité. St Paul ne dit-il pas : la piété, avec une honnête médiocrité est un grand gain. » Les papes, les Pères de l'Église, les conciles, ne cessent de tonner contre l'usure. Bossuet, dans son Traité de l'Usure, semble lui donner les derniers coups ; enfin, Montesquieu la critique à son tour quelques années seulement avant que l'influence des physiocrates, des encyclopédistes et des financiers, possesseurs de la richesse métallique, fasse assimiler l'argent à une marchandise comme une autre, et considérer l'usure comme la juste rémunération d'un service rendu.

*

La suppression de l'intérêt, c'est-à-dire de l'usure, est-elle possible aujourd'hui ? Personne ne le pense, parce que tout le mécanisme économique moderne repose sur cette institution qui a force de loi à peu près partout. Observons toutefois, qu'elle n'est pas pratiquée en Chine ; et que si les Juifs l'observent largement envers les *goym*, ils l'évitent entre eux, ce qui explique peut-être l'étonnante durée de ces deux peuples, malgré les révolutions extra ordinaires qu'ils ont subies.

Mais, si la suppression totale est impossible, ne pourrait-on pas réduire au moins le taux légal et conventionnel de l'intérêt, à 2 ou 2,50, par exemple, par un nouveau progrès dans le sens de la justice. Les civilisations et les siècles passés ont déjà donné des exemples de ces réductions successives, sans attendre même cette diminution forcée de l'intérêt par la plus grande abondance des capitaux. Cette réduction obligerait certainement le capital monétaire à s'employer plus directement et plus utilement dans le sens des grands travaux nécessaires pour perfectionner l'agriculture, l'industrie, les moyens de transport, enfin pour améliorer la position pécuniaire et économique de la classe si nombreuse des travailleurs et employés. Cette réduction, qui pourrait être graduée sur un certain nombre d'années, ne bouleverserait pas plus les situations acquises par les réductions précédentes, et notamment les conversions des rentes d'État. Ce qui s'est fait entre l'État et les particuliers,pourquoi ne pourrait-il pas se faire entre les particuliers eux-mêmes ? Les effets seraient tout aussi favorables.

Jules Dufay

*

Il faut retourner à la terre, disent nos économistes et tout récemment M. Méline. Conseil excellent. Mais à quelle terre faut-il retourner et dans quelles conditions ? Est-ce à la terre dont le produit est dévoré par l'impôt ? Est-ce à la terre dont le propriétaire rentier exige un fermage trop souvent supérieur au produit, pour peu que les accidents si fréquents dans la culture ne viennent à diminuer la récolte.

Et puis, le nouveau cultivateur, propriétaire ou fermier, d'où viendra-t-il ? d'une usine, d'une industrie urbaine, où la famille, s'il en a une et lui-même ont contracté des goûts et des habitudes incompatibles avec la vie rurale.

Tous ces conseils sont faciles à donner et forment un beau sujet de dissertation presque poétique. Mais, les dures nécessités de la vie réelle sont là, qui mettent un obstacle infranchissable dans la réalisation de ce rêve économique. L'expérience a prouvé que les populations rurales, une fois déracinées du sol n'y reviennent plus. Les conditions physiques du corps elles-mêmes, semblent s'y opposer. Il faut un temps très long, un demi siècle peut-être, pour reconstituer une population agricole ; non pas avec un élément étranger, mais en favorisant la multiplication des familles qui n'ont pas abandonné la terre, en arrêtant surtout le mouvement de désertion qui semble grandir chaque année davantage.

Et ce c'est pas seulement en diminuant et même quelquefois en supprimant tout à fait la charge de l'impôt qu'il est possible d'obtenir ce résultat. Il faut que le propriétaire rentier de la terre, comprenne mieux son devoir dans la situation actuelle. Quand un paysan sans fortune débat avec ce propriétaire les conditions d'un bail de sa terre, est-ce que l'égalité règne entre eux. L'un est riche et peut attendre, l'autre est pauvre et n'ayant aucune autre industrie où il puisse gagner sa vie, il est obligé d'accepter les conditions souvent très dures que cette inégalité permet au premier de lui imposer. Voila ce que la loi sans doute ne peut pas régler entre ces deux contractants. Mais, si ce n'est pas une loi positive qui puisse mettre une limite aux exigences du propriétaire, il devrait comprendre que son propre intérêt et la durée de sa fortune exigent de rendre meilleure la situation de ce cultivateur afin de le retenir dans cette dure profession sans le travail de laquelle cette terre cesserait de lui fournir le revenu sur lequel il compte.

CHAPITRE VIII

Impôts à remplacer

La proportionnalité mathématique dans l'impôt n'est pas la justice dans l'impôt. Le pauvre prend sur son nécessaire, le riche sur son superflu.

Cette vérité vieille comme le monde est cependant bien oubliée aujourd'hui. Moïse exempte d'impôt ceux qui ne possèdent pas la terre et ne vivent que de leur travail. À Athènes, la loi est basée sur le même principe ; Montesquieu la rappelle en ces termes : « La proportion injuste serait celle qui suivrait exactement la proportion des biens. On avait divisé, à Athènes, les citoyens en quatre classes. Ceux qui retiraient de leurs biens cinq cents mesures de fruits liquides ou secs, payaient au public un talent ; ceux qui en retiraient trois cents mesures devaient un demi talent ; ceux qui en avaient deux cents mesures payaient dix mines, ou la sixième partie du talent ; *ceux de la quatrième classe ne donnaient rien.* La taxe était juste, quoiqu'elle ne fut pas proportionnelle ; si elle ne suivait pas la proportion des biens, elle suivait *la proportion des besoins.* On jugea que chacun avait un *nécessaire physique égal* ; que ce nécessaire physique ne devait *point être taxé* ; que l'utile venait ensuite, et qu'il devait être taxé, mais moins que le superflu ; que la grandeur de la taxe sur le superflu empêchait le superflu ».

Saint-Luc, chap. 21, au sujet du denier de la veuve, dit qu'en donnant seulement ce denier elle donne plus que le riche donnant un talent.

De nos jours, tous les Etats qui entourent la France, l'Angleterre, la Prusse, l'Italie, la Suisse et, tout récemment, l'Espagne, ont appliqué ce principe dans leurs législations fiscales.

Or, que trouvons-nous, dans un examen, même sommaire, de notre budget de 1904 ? Tous les impôts sont calculés sans tenir aucun compte de la situation de ceux qui les paient. Ils frappent indistinctement les pauvres et les riches, ce qui veut dire les premiers plus que les seconds, puisqu'ils sont infiniment plus nombreux. Il est utile, nécessaire et juste de les remplacer par un impôt général sur la richesse et sur le revenu, en ayant soin d'atteindre le revenu du travail dans une plus faible proportion que le revenu du capital. Les impôts à supprimer seraient notamment lui suivants.

Impôts fonciers sur les bâtiments.	87 413 000	»
Impôts fonciers sur les terres.	104 769 000	»
Personnelles, mobilières	95 169 000	»
Patentes	136 664 000	»
Vins, cidres, poirés, bières.	84 889 000	»
Transports, chemins de fer.	64 290 000	»
Allumettes.	32 579 000	»
Sucres.	178 622 000	»
Sel de douanes et hors du rayon des douanes.	34 484 000	»
A reporter.	819 879 000	»

Report	819 879 000	»
Timbres 0,10 cent. de quittance.	13 000 000	»
Frais judiciaires de toutes sortes grevant les frais de vente et de liquidations de propriétés inférieures à 2 000 fr., en suite de minorités, de faillites et d'expropriations.	15 000 000	»
Produit de l'impôt sur les bouilleurs de crû, environ.	30 000 000	»

Réduction d'une moitié sur les droits de mutation par décès ou entre vifs, au-dessous de 1 000 fr. sauf à compenser cette réduction par une légère augmentation du taux, sur les mutations supérieures à 50 000 fr.	mémoire	
Total des impôts qu'il est le plus urgent de remplacer.	977 879 000	»

Chacun de ces impôts renferme en lui-même sa propre condamnation : les impôts fonciers ne tiennent aucun compte de l'état personnel du contribuable ; ils font supporter par le possesseur de ces biens un impôt qui n'a pas sa contre-partie sur la plupart des valeurs mobilières. Les impôts personnels, mobiliers et patentes, ne sont fondés que sur des apparences sans tenir aucun compte des revenus réels. Sur les vins, cidres, poires, bière, sucre et sel, les 9/10 au moins sont supportés par la classe la moins riche. Les transports par chemins de fer frappent aussi surtout les voyageurs de troisième classe, beaucoup plus nombreux, et les marchandises consommées par eux.

Une quittance de 100 000 fr. coûtera 0,10 centimes. Cette même somme de 100 000 fr., divisée en dix mille quittances de 10 fr. coûtera 1 000 fr. de timbres, payés surtout par le petit commerce et la petite propriété. — Quant aux frais judiciaires chacun sait qu'ils absorbent non seulement le revenu, mais le capital même des petites fortunes. — Pour les bouilleurs de crû, on en est arrivé, après trois ans d'expériences, à obliger nos vignerons à peu près ruinés, à détruire leur marc de raisins dans la plupart des cas, plutôt que de remplir les formalités prescrites par la loi ; tant cette loi est commode pour ceux qui l'appliquent et ceux qui la subissent.

Ajoutons que tous ces impôts comportent des détails infiniment petits et un personnel infiniment nombreux et dispendieux.

CHAPITRE IX

Impôt sur le capital et sur le revenu du capital
Exemption et progression. — Produit de ces impôts

Nous allons voir comment on pourrait remplacer ces impôts qui ont le tort d'absorber une trop grande part du petit revenu, de se prélever sur le nécessaire, d'alourdir le poids des charges incombant à la famille, d'arrêter le développement de la population et de favoriser, au contraire, le développement indéfini des grandes accumulations de la richesse en quelques mains.

Nous trouvons, dans les pays cités plus haut, sous des formes diverses et en proportions différentes, la réforme déjà mise en pratique. Nous voyons, notamment, que les législations de ces États, depuis diverses époques, ont adopté pour principes :

1° D'exempter de l'impôt une fraction du capital et du revenu depuis 1 500 fr. jusqu'à 20 000 fr. pour le capital ; depuis 400 à 4 000 fr. pour le revenu ;

2° D'imposer ensuite le capital, sous quelque forme qu'il se présente ;

3° D'imposer le revenu du capital ;

4° Enfin, d'imposer le revenu du travail, en ayant soin de l'atteindre plus légèrement que le premier, pour cette raison que donnait Bismarck, qu'il est plus facile de détacher les coupons d'un titre de rentes que de faire produire à la terre des moissons et des fourrages à transformer ensuite en argent.

Dans toutes ces législations, au nombre de plus de trente, on a trouvé juste, en outre, de tenir compte au contribuable de sa situation personnelle, modifiée notamment par le nombre de ses enfants et le chiffre de ses dettes, s'il en a, ce qui n'existe encore en France que pour un seul cas, la mutation par décès et, encore, souvent avec des conditions difficiles à réaliser. Voici, à titre d'indication, faute de documents positifs, comment on pourrait répartir les impôts à remplacer, en les convertissant en impôts sur le capital et sur les deux formes de revenu indiquées plus haut, en nous servant des renseignements procurés par l'Administration.

Impôt sur le capital

CATÉGORIES		NOMBRE DES PROPRIÉTAIRES	TOTAL DE LEUR FORTUNE	TAUX par 1000		PRODUIT DE l'IMPÔT	
De 1 à 500 f.		4 183 865	1 063 952 225	»	»		»
— 501	2 000	3 597 475	4 520 050 185	»	»		»
— 2 001	10 000	3 610 495	17 391 964 265	1	»	17	mil-lions
— 10 001	50 000	1 471 470	31 079 523 825	1	50	46	—
— 50 001	100 000	240 660	17 084 941 555	2	»	34	—
— 100 001	250 000	155 715	24 461 217 865	2	50	60	—
— 250 001	500 000	54 180	19 383 061 355	3	»	57	—
— 500 001	1 000k	25 340	17 237 322 270	3	50	59	—
— 1 000 001	2 000k	10 885	15 748 209 890	4	»	60	—
— 2 000 001	5 000k	4 305	12 379 889 805	4	50	54	—
— 5 000 001	10 000k	1 255	8 058 183 735	5	»	40	—
— 10 000 001	50 000k	363	7 508 898 040	5	50	38	—
— 50 000 001	et au-dessus..	105	8 566 028 950	6	»	48	—
TOTAUX..........		13 356 113	18 483 243 965			513 millions	

Pour abréger les calculs, il n'a pas été tenu compte, dans chacune des catégories, de la réduction dont elle profite sur le total de sa fortune, pour la part comprise dans les catégories inférieures, dont le taux est moindre. Or, le calcul démontre que cette réduction s'élèverait à environ 50 millions. On peut même doubler cette réduction pour les cas d'exemptions particulières par suite des charges incombant aux contribuables, (dettes à déduire, enfants mineurs à entretenir, etc.) ; ce qui porte l'exemption totale à 100 millions en l'exagérant plutôt. L'impôt réellement payé à l'Etat s'élèverait, non pas à 513 millions mais à cette somme, réduite de 100 millions, c'est-à-dire a 413 millions, ce qui n'a rien d'exagéré, puisque la fortune totale est de plus de 184 milliards en France et que 6 milliards seulement sont exceptés de l'impôt, comme appartenant à la classe la plus pauvre de la population, ainsi que le démontre le tableau qui précède.

Impôt sur le revenu du capital

Quant à l'impôt à établir sur le revenu de la fortune de chaque contribuable, on peut, a l'imitation de ce qui se passe en Angleterre, en Prusse, en Italie, en Suisse, etc., exempter de l'impôt, pour chaque contribuable, une première somme de 1 000 fr., ce qui correspond à un capital d'environ 30 000 fr. si on calcule le revenu à 3 %. Or, nous avons, dans les tableaux tirés des documents de l'enregistrement, les éléments nécessaires pour déterminer approximativement le chiffre des revenus afférents à chaque catégorie, ce qui donne lieu au tableau suivant :[1]

Impôt sur le revenu du capital

CATÉGORIES			NOMBRE redes propriétaires	TOTAL de leur fortune	MOYENNE de la fortune dans chaque catégorie	REVENU de la fortune totale à 3%	REVENU de la fortune individuelle à 3%	TAUX de l'impôt sur le revenu	PRODUIT de l'impôt sur le revenu individuel	PRODUIT TOTAL de l'impôt
De	1 fr.	à 500 fr.	4 183 865	1 063 952 225	256	31 918 000	7	62	»	»
	501	2 000	3 597 475	4 520 050 185	1 250	135 600 000	37	50	»	»
	2 001	10 000	3 610 495	17 391 964 265	4 000	522 000 000	120	»	»	»
	10 001	50 000	1 471 470	31 079 523 825	28 000	932 400 000	840	»	»	»

1 Notons en passant que ces documents indiquent la somme des dettes retranchée dans certaines successions pour déterminer le capital frappé du droit de mutilations en 1900. Ces dettes s'élèvent a 315 millions pour les hypothèques et à 123 millions pour les cédules privées ; ce qui en multipliant ces chiffres par 35 donnent 14 milliards et demi de dettes hypothécaires et 4 milliards 300 millions pour les dettes ordinaires, en tout dix-neuf milliards, sans compter les autres dettes qui n'ont pu être déduites faute de justifications suffisantes. Quelle charge encore pour la propriété rurale, s'ajoutant à l'impôt, et à la dette publique !

De	à	Nombre									Impôt
50 001	100 000	240 660	17 084 941 555	71 000	512 000 000	2 130	»	4 %	45	20	10 877 832
100 001	250 000	155 715	24 461 217 865	160 000	733 900 000	4 800	»	5	190	»	29 585 850
250 001	500 000	54 180	19 383 061 355	357 753	581 000 000	10 740	»	6	596	»	32 291 250
500 001	1 000 000	25 340	17 237 322 270	680 000	517 110 000	20 400	»	7	1 358	»	34 411 720
1 000 001	2 000 000	10 885	15 748 209 890	1 447 000	472 500 000	43 410	»	8	3 392	»	36 921 920
2 000 001	5 000 000	4 305	12 379 889 805	2 875 750	371 400 000	86 300	»	9	7 677	»	33 049 485
5 000 001	10 000 000	1 255	8 058 189 735	7 217 400	241 770 000	216 550	»	10	21 550	»	27 045 250
10 000 001	50 000 000	363	7 508 898 040	20 686 000	225 270 000	620 585	»	11	68 154	»	24 739 902
50 000 000 et	au-dessus	105	8 566 028 950	85 000 000	257 000 000	2 600 000	»	12	311 800	»	32 739 000
					5 533 868 000		»				261 662 219

Les calculs du revenu et de l'impôt produit ont été établis sur une moyenne entre la somme la plus faible et celle la plus forte dans chaque catégorie, ce qui donne un chiffre d'impôt trop faible pour le revenu le plus élevé, et trop fort pour le revenu le moins éle-

Jules Dufay

vé de chaque catégorie. Pour avoir le chiffre exact, il aurait fallu pouvoir calculer de mille en mille francs sur le capital, et de cent en trente francs sur le revenu. Or, les tableaux de l'enregistrement ne donnent pas le nombre d'individus possédant, par exemple, de 10 000 à 11 000 fr., de 11 000 à 12, etc. ; il en est de même dans les autres catégories. Compensation faite entre les chiffres extrêmes dans chaque catégorie, les résultats ne seraient pas modifiés d'une manière appréciable.

CHAPITRE X

Impôt sur le revenu du travail

Toutes les législations qui ont pris pour base de l'impôt plus ou moins progressif le chiffre du revenu de chaque citoyen, ont reconnu qu'il est indispensable de s'adresser non seulement au revenu d'un capital, mais aussi au revenu produit par le travail. En France, cela est d'autant plus nécessaire que, si l'impôt s'adressait seulement au revenu du capital, il absorberait ce revenu presque en entier, comme nous l'avons déjà dit.

Ici, l'approximation à laquelle nous devons tendre, aura moins de précision que nous n'en avons trouvé pour le capital et son revenu. Cependant, nous avons pour nous guider, les documents fournis en pareil cas notamment en Angleterre, en Prusse, en Italie, en Autriche, dans plusieurs cantons suisses. De plus, nous savons aussi, soit par les documents de l'enregistrement, soit par les recherches des économistes, que le nombre des travailleurs, depuis la catégorie la plus nombreuse, qui est aussi celle qui gagne le moins, jusqu'à la classe supérieure peu nombreuse mais gagnant beaucoup, qu'il existe dix et douze millions d'individus gagnant par an de 500 fr à 14 millions de revenu, chacun.

C'est avec ces données approximatives que nous avons dressé le tableau suivant dont le résultat est assez rapproché de la réalité, puisque le total du produit du travail est d'environ 15 milliards. Et nous avons vu précédemment que le produit moyen trouvé par les économistes est de 16 milliards.

On pourrait, du reste, imposer déjà le revenu de 500 à 1 000 fr., à la condition d'exempter, comme en Suisse, en Allemagne et ailleurs, 200 ou 300 fr. de revenus par chaque mineur ou invalide quelconque à la charge du contribuable. Le produit total de 355 millions, donné par le tableau, ne varierait pas d'une manière appréciable.

Impôt sur le revenu du travail

PRODUIT DU TRAVAIL PAR CATÉGORIES			MOYENNE de ce produit	NOMBRE de travailleurs	PRODUIT TOTAL du travail	TAUX de l'impôt	MOYENNE de l'impôt individuel	PRODUIT TOTAL de l'impôt
De 0	à	1 000	500	7 000 000	3 500 000 000	»	»	»
1 000		2 000	1 500	2 000 000	3 000 000 000	1 %	15 »	30 000 000
2 000		5 000	3 500	1 000 000	3 500 000 000	1 50	52 50	52 500 000
5 000		10 000	7 500	200 000	1 500 000 000	2	150 »	30 000 000
10 000		20 000	15 000	40 000	600 000 000	3	450 »	18 000 000
20 000		50 000	35 000	15 000	525 000 000	5	1 750 »	26 250 000

50 000	100 000	75 000	8 000	600 000 000	6	4 500	»	36 000 000
100 000	200 000	150 000	4 000	600 000 000	8	12 000	»	48 000 000
200 000	500 000	350 000	1 000	350 000 000	9	31 500	»	31 500 000
500 000	1 million	750 000	200	150 000 000	10	75 000	»	15 000 000
1 million	2 millions	1 500k	80	120 000 000	12	180 000	»	14 400 000
2 millions	4 millions	3 000k	40	120 000 000	15	450 000	»	18 000 000
4 millions	8 millions	6 000k	15	90 000 000	20	1 200 000	»	18 000 000
8 millions	20 millions	14 000k	5	70 000 000	25	3 500 000	»	17 500 000
				14 725 000				355 150 000

On a objecté que ce système exempterait de toute contribution environ sept millions d'individus, c'est une erreur ; ils auraient toujours
à supporter les effets de la répercussion de trois milliards d'autres
impôts non remplacés. Il est à noter qu'en Angleterre, en Prusse,
en Italie et dans plusieurs cantons suisses, le nombre des exemptés
est plus considérable. Est-ce que ce fait amène des perturbations

CHAPITRE X

quelconques dans ces États ? Nous avons donc beaucoup de peine, en France, à nous habituer à l'idée, si naturelle, cependant, de ne demander aucune contribution à celui qui n'a que le nécessaire. Ne voit-on pas que cette classe du prolétariat malheureux n'a aucune influence dans la direction des affaires, et que c'est nous, plus heureusement classés dans le monde économique, qui sommes tenus, par devoir, à lui venir en aide dans la mesure du possible.

*

En réunissant les résultats probables révélés par les tableaux qui précèdent, on voit que l'ensemble des produits de ces impôts (soit 413 millions pour le capital, 200 millions pour le revenu du capital et 355 millions pour le revenu du travail) s'élèverait à 968 millions, somme supérieure aux impôts que nous avons signalés comme devant être remplacés.

Il est à remarquer, au surplus, en ce qui concerne la richesse immobilière, la terre surtout, qu'elle ne serait atteinte que pour la moitié des 200 millions d'impôts sur le capital, puisque les capitaux mobiliers seraient atteints dans la même proportion, à l'inverse de ce qui se passe aujourd'hui, et que ces deux formes de la richesse sont à peu près égales en valeur.

La réforme faite dans le sens indiqué aurait cet immense avantage de donner à la classe nombreuse des travailleurs sans fortune, et des petits propriétaires encore plus maltraités aujourd'hui, la faculté de vivre avec un peu plus d'aisance, ou moins de misère, et, même, de pouvoir, dans les cas favorables, faire quelques épargnes sur leurs revenus, et former un capital faible, il est vrai, mais suffisant pour leur faire sentir la satisfaction d'améliorer leur sort, et d'échapper à la dure nécessité actuelle de tendre la main à la bonne volonté ou à la générosité des possesseurs de la richesse.

Le capital mobilier, par ce système, sera seul atteint davantage qu'il ne l'est maintenant. Il y a longtemps que la justice réclame une égalité de charges entre les deux formes de la richesse, mobilière et immobilière. Si la progression de l'impôt, très acceptable, du reste, dans la mesure indiquée, diminue quelque peu l'accumulation des capitaux en quelques mains et les abus qu'elle engendre, l'aisance, plus généralement répandue, et la moralité, n'auront qu'à y gagner.

*

Jules Dufay

On peut se rendre compte de l'application de ces impôts à divers contribuables selon leur état de fortune et de revenu : pour un capital de 65 000 fr., l'impôt sur le capital serait de 85 fr. et, sur le revenu, de 36 fr., soit 121 fr.

Pour 165 000 fr. de capital l'impôt serait de 285 fr. et pour le revenu, de 166 fr., soit au total 441 fr.

Pour 1 million, l'impôt sur le capital serait de 2 600 fr. et, pour le revenu, de 1 500 fr. soit 4 100 fr. sur le tout.

Pour 15 millions l'impôt sur le capital serait de 68 400 fr. et, sur le revenu, de 37 731 fr., total 106 131 fr.. Et si nous comparons ces impôts à ceux produits dans les situations semblables, en divers pays, nous pouvons les consigner dans le tableau suivant :

CAPITAL	REVENU à 3%	IMPÔTS réunis sur le capital et le revenu en France	à Berne	en Angleterre	en Prusse		à Neuchâtel	à Zürich impôts cantonal et communal réunis
65 000	1 900	121	390	»	27	50	259	448
165 000	4 920	441	750	100	78	»	600	1 220
400 000	12 000	1 431	839	1 280	970	»	1 096	4 608
1 000k	30 000	4 100	4 359	3 750	2 700	»	5 560	11 812
15 000k	467 420	106 131	87 980	25 500	42k	»	61 500	204 704

Nota : il faut remarquer que les impôts remplacées par l'impôt proposé sur le capital et le revenu sont bien plus élevés, en France, que dans les autres États ; qu'au-dessous du capital d'un million et d'un revenu de 30000 francs, les impôts proposés sont moins élevés que ceux qu'ils remplaceraient ; enfin que les frais de perception de cet impôt seraient à peine du tiers des frais de perception des impôts qu'ils remplaceraient, ce qui permettrait, après l'expérience faite, de diminuer le taux de l'impôt dans chaque catégorie, et même d'augmenter le chiffre exempt de l'impôt.

L'impôt progressif n'absorbe jamais ni le capital ni le revenu, il met seulement un frein nécessaire à l'excès de l'accaparement de la richesse. C'est là cependant, une objection présentée avec plus ou moins d'habileté ou d'inconscience par les adversaires de la réforme fiscale.

Cette objection repose sur une erreur. Il est facile de le démontrer par le tableau suivant qui fait sauter aux yeux l'exagération avec laquelle on cherche à tromper un public peu habitué à raisonner en cette matière.

Prenons pour exemple un chiffre assez élevé de revenu, 2 600 000 par exemple, produit par un capital de 86 000 000, intérêt réduit à 3 %. Suivons à chaque échelon de revenu le résultat obtenu en impôts avec progression de 4 à 12 % à partir seulement du chiffre de 1000 fr. de revenu :

Le tableau suivant prouve que, tout en progressant l'impôt ne diminue le revenu que dans une proportion laissant intacte une part très importante au contribuable, ce qui n'arrive pas avec les impôts actuels, surtout quand ils touchent aux petits contribuables.

REVENU imposé par échelon	REVENU total du Contribuable	TAUX	IMPOT sur chaque échelon	IMPOT total du Contribuable
1 000	1 000	»	»	»
4 000	5 000	4 %	160	160
10 000	15 000	5	500	660
20 000	35 000	6	1 200	1 860
40 000	75 000	7	2 800	4 660
80 000	155 000	8	6 400	11 060
200 000	355 000	9	18 000	29 060
600 000	955 000	10	60 000	89 060
1 000 000	1 955 000	11	110 000	199 060
645 000	2 600 000	12	78 400	277 460
2 600 000			277 460	
Nota. — Un revenu de 2 600 000 francs paie			277 460	f. d'impôt.
Le capital de 86 000 000 francs qui produit ce revenu paie			563 440	
Ensemble			840 860	

En sorte qu'il reste net à ce propriétaire près de deux millions de revenus, qu'il n'a certes pas gagnés par son travail, mais que son capital lui a procurés… par le travail des *autres*. C'est là le seul altruisme que comprennent très bien nos féodaux financiers.

La distinction faite par M. Jules Roche entre l'impôt personnel et l'impôt réel n'a pas un sens bien défini. En réalité, tous les impôts sont payés par la personne à propos de la chose ; lorsqu'il dit que l'impôt personnel recule devant l'impôt réel, c'est une simple figure de rhétorique qui produit son effet dans un discours ; elle ne repose sur rien de vrai. La différence entre le système actuel et le système proposé est tout entière dans le fait que ce dernier tiendra compte de la position personnelle du contribuable. Et il est plus humain, plus juste, plus social que la brutalité mathématique qui considère seulement la chose, s'en s'occuper des charges supportées par celui qui la possède. Y a-t-il du bons sens, de la raison, de la justice, à faire payer a propos de la même chose et du même revenu, le même impôt, par celui qui a des dettes, une famille nombreuse absorbant son revenu en grande partie, et par celui qui n'a aucune de ces charges ?

CHAPITRE XI

Capitaux et revenus imposés

Quelles sont les valeurs capitales, et quels sont les revenus que l'impôt doit atteindre ?

L'impôt doit les atteindre tous, sans autres exceptions que celles déterminées par la loi.

En ce qui concerne les capitaux, la fortune imposable comprend tout l'actif du contribuable, en quoi qu'il puisse consister, et notamment :

Les meubles par nature.

Les immeubles proprement dits, les objets mobiliers eux-mêmes qui sont considérés comme immeubles par destination,

Les marchandises, le numéraire.

Les créances de toutes natures, qu'elles soient sur particuliers, sur société ou sur l'État.

En un mot, tout ce qui est actuellement, susceptible d'être compris pour le droit de mutation, dans la déclaration à faire après le décès.

A l'imitation de ce qui se passe dans les pays à impôt sur la fortune, on comprendra donc, notamment, la rente française, les

Bons du Trésor, les rentes et valeurs étrangères, les créances hypothécaires et chirographaires, le tout s'élevant actuellement à plus de 70 milliards représentant un revenu d'environ trois milliards ne payant pas aujourd'hui un centime d'impôt. Si l'on faisait supporter à ces valeurs un impôt aussi onéreux que celui qui pèse sur la terre, elles fourniraient a l'État plus de 400 millions par an. Cette charge énorme, est, tout naturellement, reportée sur les produits de la terre et du travail, d'après la législation actuelle.

On objecte que la plupart de ces valeurs sont au porteur, ou peuvent le devenir, à quoi il est facile de répondre qu'une loi peut obliger à les transformer toutes en titres nominatifs et même en titres mixtes, comme il en existe déjà beaucoup, sans apporter, par cette mesure, aucune entrave aux mutations régulières de ces valeurs ; elles gêneraient peut-être les jeux de Bourse et l'agiotage, mais l'intérêt public et la morale n'y perdraient pas.

On objecte encore que ces valeurs peuvent, en partie, échapper a l'œil vigilant du fisc. Cette disposition d'esprit de la part des contribuables portés à la dissimulation, existe sous toute les formes d'impôt. Nous verrons plus loin que, sans procéder à des investigations inquisitoriales, un système d'amendes bien établi, ferait vite comprendre aux contribuables qu'il est encore plus prudent et même plus économique de payer l'impôt que d'attendre la correction.

En ce qui concerne la rente sur l'État, le rentier fait actuellement un faux raisonnement quand il dit que l'État, étant son débiteur, doit lui payer intégralement l'arrérage de sa rente. Il ne réfléchit pas que l'État est aussi son créancier de sa quote-part des dépenses *générales*, dont il profite comme tous les autres citoyens.

On dit aussi que certains capitaux de luxe, tels que châteaux, collections artistiques, etc., ne produisent pas de revenu. Aussi ne sont-ils comptés comme imposables que pour leur valeur capitale.1

Quant aux constructions, bâtiments, il est naturel de tenir compte de leur état pour l'évaluation du capital. Les maisons et bâtiments

---

1 La riche collection de porcelaines du docteur Von Panniwitz avait coûté 380 000 marcks ; elle a été vendue à Munick 1 150 000 marcks. Ceci est un sujet à méditer pour ceux qui trouvent injuste d'imposer un capital représenté par des objets d'art. Très souvent, ces collections sont devenues l'une des formes de la spéculation. Elles enrichissent les spéculateurs et laissent mourir dans la misère les vrais artistes.

affectés aux exploitations agricoles ne reçoivent généralement pas d'estimation spéciale ; leur évaluation est comprise dans celle du domaine.

Si nous passons à l'impôt sur le revenu, nous voyons, dans presque toutes les législations étrangères, que l'impôt est calculé sur le revenu net, déduction faite des dépenses nécessitées par la production de ce revenu. Ainsi, le revenu d'une maison se détermine non pas seulement par la somme de loyers que touche le propriétaire, mais en déduisant de cette somme la dépense moyenne qu'impose l'entretien de la maison. Le revenu d'une industrie, d'un commerce, se détermine aussi, au point de vue de l'impôt, déduction faite des dépenses nécessitées par l'exploitation, telles que traitement des employés, intérêts du capital engagé. On peut, à ce sujet, consulter notamment la loi anglaise, la loi prussienne, et les lois de la plupart des cantons suisses.

Une objection, présentée souvent au sujet des revenus des valeurs industrielles, telles que actions et obligations de chemins de fer, mérite une réponse. Le contribuable dit que l'industrie qui lui paie le montant de ses coupons retient déjà sur ces coupons l'impôt qu'elle-même a payé à l'État. Un individu possède mille obligations P.-L.-M. ; les coupons, qui sont nominalement de 15 francs, ne rapportent que 14 francs si le titre est nominatif, et 13 francs s'il est au porteur. Le titulaire touche donc 14 000 francs ou 13 000 francs seulement, au lieu de 15 000 s'il n'y avait pas d'impôt, et il dit : la Compagnie a payé mon impôt, donc je n'ai pas à le payer de nouveau. C'est un raisonnement absolument faux : le titulaire a acheté ses titres au cours établi non pas sur un revenu de 15 francs, mais sur le revenu net, déduction faite de l'impôt payé par la Compagnie. Cela est si vrai, que ses mille titres, il les a achetés, ou ils lui ont été transmis pour la valeur de 460 000 francs si le cours est de 400 par titre. Il les paie donc 40 ou 50 000 francs de moins que si les coupons n'étaient frappés d'aucun impôt. Il était bon de faire cette observation sur l'une des objections les plus répandues et qui fait supposer à tort qu'il y a là un impôt de superposition.

*

Les exemptions d'impôt, dans les États qui ont adopté ce système, sont très variables ; suivant la situation économique du pays, le capital exempté d'impôt varie de 1 500 à 5 000 fr. comme en Suisse, jusqu'à 40 000, connue en Angleterre. Il semble rationnel d'adopter, en France, comme base d'exemption, la valeur de 5 à 10 000 fr. pour chaque contribuable et de décharger de tout impôt le capital mobilier ou immobilier affecté aux hôpitaux, aux œuvres de bienfaisance. Il est assez étrange que la France soit le seul pays où ces biens sont imposés, et notamment de la contribution de mainmorte qui semble avoir été inventée exprès pour tomber directement sur la misère.

L'impôt sur le revenu exempte presque partout la somme considérée comme indispensable aux besoins les plus urgents de l'existence. Selon les pays, cette exemption varie de 400 à 4 000 fr., comme en Suisse et en Angleterre. Il semblerait naturel d'exempter, en France, le revenu du capital, jusqu'à 500 fr. et le revenu du travail jusqu'à 1 000 fr., de fixer le taux de l'impôt à un chiffre assez faible sur les premières sommes, et de faire progresser ce taux a peu près dans les conditions indiquées au chapitre précédent.

Puisqu'on n'a pas actuellement des éléments assez précis pour prévoir exactement la somme produite par ces impôts de remplacement, il est facile d'imiter en cela ce qui s'est passé et se passe encore chez nos voisins. Si l'approximation prévue ne donne pas le résultat sur lequel on comptait, on peut, après expérience, modifier en plus ou en moins, soit le taux de l'impôt initial, soit la progression, soit l'exemption.

*

Comme résultat général de ce système d'impôt, on a observé que partout où il est appliqué le nombre des mariages augmente, la population s'accroît, la richesse générale s'élève et, chose curieuse et qui parait contradictoire, le nombre des grandes fortunes augmente, ainsi qu'il est prouvé par les statistiques officielles en Prusse et dans le canton de Bâle : c'est qu'en effet, la société, prise dans son ensemble, a intérêt à ce que le plus grand nombre possible de ses membres puisse arriver à améliorer son sort, à rendre le travail plus profitable à ceux qui s'y livrent, afin de leur permettre de transformer en économies, c'est-à-dire en petit capital, une partie du produit de leur travail. Et les grands détenteurs actuels de la fortune trouvent eux-mêmes leur avantage à ce résultat ; le droit de propriété ne sera plus l'objet de critique et de négation et menacé de suppression, quand un plus grand nombre d'individus pourront en profiter et ne seront plus disposés à le considérer comme une sorte de privilège à faire disparaître. D'un autre coté, grâce au sentiment de solidarité, de bienveillance, de charité, de philanthropie, qui entre de plus en plus dans les mœurs, on cherche partout à assurer au travailleur ce petit capital ou cette petite rente viagère nécessaires à ses vieux jours. Qui va payer les sommes nécessaires à cela ? N'est-ce pas la richesse acquise ? elle ferait plus logiquement l'économie de ces dépenses en permettant au travail de s'assurer lui-même sa rente viagère.

CHAPITRE XII

Facilité de la réforme. — Déclaration du contribuable. — Aucune Inquisition

En réalité, que faut-il pour faire passer la réforme proposée de la théorie et de la période des discours à la rédaction d'une loi et à son application ?

Tout simplement deux choses : d'un côté, un peu plus d'indépendance chez nos gouvernants vis-à-vis des détenteurs des milliards d'un autre côté, un peu moins de crainte, de préjugés et d'esprit de routine dans la grande masse des citoyens. Il ne s'agit pas, comme les timorés paraissent le redouter, de préparer les voies à une sorte d'expropriation universelle, à la mise en commun de tous les biens, suivant l'utopie collectiviste. Il s'agit, au contraire, d'assurer un peu de bien-être et d'indépendance à tous, par la propriété personnelle rendue plus accessible, en faisant une meilleure part au travail, et en apportant à l'appropriation exagérée de la richesse, les limites dont le bon sens, la justice, la prévoyance de tous les grands législateurs ont parfaitement reconnu la nécessité.

Comme application, quoi de plus simple ? Chaque citoyen fournit le tableau ou la déclaration de ses biens et revenus. Point n'est besoin pour cela de bouleverser, en quoi que ce soit, la mécanisme de notre administration fiscale. Le personnel actuel, qui sera même diminué en nombre, recevra du citoyen*vivant* la déclaration de ses biens, comme il la reçoit actuellement des héritiers du citoyen *mort*.

Il n'est guère possible d'entrevoir une amélioration quelconque de l'état des classes laborieuses, même par les moyens employés aujourd'hui : la mutualité, la coopération, les sociétés de production et de consommation, les syndicats, etc., si la législation n'apporte, soit par le régime fiscal, soit autrement, d'un côté une limitation à l'accumulation indéfinie de la richesse, d'un autre côté une plus grande facilité à la conservation et à la formation de la petite propriété. Lorsque chacun sera soumis à la loi du travail, chacun sera aussi admis à jouir, dans la mesure de son travail, du bénéfice de la richesse acquise…

Aujourd'hui, les charges budgétaires et nos lois fiscales de procédure, en frappant outre mesure le travail et la petite propriété, empêchent un trop grand nombre d'hommes de jouir de l'indépendance que procure le droit de propriété. La réforme les rattachera à ce principe et leur permettra d'en goûter les avantages.

*

En résumé, que l'on soit partisan ou que l'on soit adversaire de l'impôt sur le revenu ; que cet impôt soit proportionnel ou progressif, avec ou sans exemption à la base, tout le monde est d'accord sur un point : c'est que notre système fiscal renferme une foule de dispositions particulièrement nuisibles à la nombreuse classe des travailleurs et des petits propriétaires. D'un autre côté, depuis un siècle environ que ce système fonctionne, il a favorisé la formation de fortunes immenses qui absorbent une trop grande part de la richesse générale acquise par le travail. Les observations et les critiques adressées aux partisans de l'impôt sur le revenu, portent particulièrement sur les deux faits suivants :

1° Pour déterminer la taxe de l'impôt de chacun, il faudra organiser un véritable système d'espionnage et d'inquisition qui est absolument contraire aux traditions, aux idées et aux mœurs françaises.

2° En ce qui concerne la richesse mobilière, ceux qui la possèdent pourront la faire disparaître en plaçant leurs capitaux à l'étranger, ou même en y déposant leurs valeurs françaises.

Nous croyons avoir répondu à toutes les objections et notamment

Jules Dufay

aux deux critiques principales qui viennent d'être mentionnées. Nous résumons cependant en quelques lignes, les dispositions législatives par lesquelles il sera assez facile de réprimer les tentatives de fraude et de dissimulation, qui n'ont jamais manqué, du reste, sous aucun régime fiscal.

En ce qui concerne l'objection fondée sur la crainte d'une sorte d'inquisition, il y aura lieu d'établir un questionnaire adressé à chaque contribuable, imitant ce qui a lieu dans la plupart des pays à impôt sur le revenu.

Ce questionnaire pourrait être fait dans les termes suivants :

Déclaration à faire par le contribuable

En vertu de la loi, le contribuable doit répondre, avec exactitude, pour la fixation de son impôt sur le revenu, et sur le capital aux questions suivantes.

I. – Contenance des propriétés non bâties dans chaque commune où elles sont situées et estimation de leur valeur capitale.

Estimation de leur revenu.

II. – Indication des propriétés bâties dans chaque commune où elles sont situées.

Estimation de leur valeur capitale.

Estimation de leur revenu.

Nota. – Si les bâtiments font partie d'une exploitation agricole, leur estimation en capital et en revenu ne sera pas indiqué sous ce paragraphe II. Elle sera comprise dans l'estimation des propriétés non bâties du paragraphe I.

III. – Somme totale des capitaux employés en créances hypothécaires.

Revenu de ces créances.

IV. – Somme totale des capitaux employés en créances chirographaires.

Revenu de ces créances.

V. – Somme totale des capitaux employés en obligations, valeurs industrielles et rentes françaises.

VI. – Revenu de ces valeurs.

VII. – Capitaux employés en obligations, actions rentes, valeurs étrangères.1

VIII. – Revenu de ces valeurs.

IX. – Revenus de la profession, avocats, médecins, notaires, avoués, greffiers, huissiers, etc., employés, journaliers, domestiques, etc.

X. – Somme totale des capitaux employés dans le commerce, l'industrie, les entreprises.

XI. – Revenus industriels, banque, commerce, etc., déduction faite des capitaux engagés et du traitement du personnel employé.

XII. – Valeur capitale du mobilier meublant, y compris objets d'art, collections, etc.

XIII. – Indication des traitements, pensions et usufruits et autres produits non désignés ci-dessus.

XIV. – Déclaration du nombre des enfants mineurs et autres personnes à la charge du contribuable.

XV. – Indication de la somme totale des dettes hypothécaires.

XVI – Indication de la somme totale des dettes chirographaires.

Nota. — Le contribuable est prévenu que toute dissimulation et fausse déclaration le rend passible d'une amende au profit de l'Etat, égale à dix fois l'impôt non payé ; la prescription de cette amende n'est acquise qu'au bout de trente ans.2

Signer cette déclaration en a affirmant qu'elle est sincère et véritable et qu'on est averti que toutes fraudes et dissimulations seront punies d'une amende égale à dix fois l'impôt dont l'État a été frustré, laquelle amende sera recouvrée par les mêmes moyens de contrainte que l'impôt, sans aucune transaction possible.

---

1 Une indication sommaire des propriétés bâties, des propriétés non bâties, des capitaux, etc., répondant aux questions ci-dessus, sera suffisante ; les fonctionnaires de l'Etat auront à en vérifier l'exactitude, sans mesure tracassière envers le déclarant ; les documents du cadastre et de l'enregistrement seront à eux seuls la plupart du temps suffisant pour vérifier l'exactitude des déclarations.

2 Plusieurs personnes trouvent cette amende trop élevée. Nous avons cependant dans la législation actuelle des exemples d'amendes égales à 10 fois, 50 fois et même 100 fois l'impôt non payé, notamment en matière de fraudes sur l'alcool, les allumettes, les timbres de quittance, etc.

Après cette déclaration, ni inquisition, ni perquisition, ni réquisition dont on parait s'effrayer à tort : le fisc, l'impitoyable fisc, attendra simplement les événements, tels que mariage, partage, vente, échange, bail, mutation par décès, etc, ; et comme la prescription serait étendue à 30 ans, il y aura plus d'un fraudeur sur 10 qui se trouvera pris, et l'État n'aura rien perdu.

Chacun comprendra, après quelques années d'expérience, qu'il vaut mieux faire sa confession pleine et entière que de courir la chance d'une dissimulation.

Les contribuables qui n'auront pas fait leur déclaration seront taxés d'après les documents fournis aux commissaires par nos administrations fiscales, enregistrement, perception, contrôle, direction, etc. Ces évaluations pourront être modifiées par les contribuables (soit en plus soit en moins) en présentant les preuves à l'appui. Si les évaluations sont insuffisantes et si les contribuables ne les ont pas portées à leur valeur réelle, ils seront sujets aux amendes pour fausses déclarations.

La seconde des principales objections n'est pas plus difficile à résoudre.

L'émigration des capitaux et peut-être même des capitalistes n'est pas a craindre davantage, avec l'impôt sur le revenu qu'elle ne l'est avec tout autre système. On sait bien aujourd'hui que les Français, pris dans leur ensemble, possèdent des créances sur l'étranger montant à 20 milliards de francs, donnant un revenu moyen de 900 millions. On sait aussi qu'avec les lois actuelles ces valeurs sont déjà frappées d'un impôt, et qu'il est impossible d'en taire le moindre usage en France, de les mentionner soit dans des jugements, soit dans des actes authentiques ou sous seing-privé, sans que ces valeurs aient subi l'impôt dont elles sont frappées ; il ne sera pas bien difficile d'appliquer ces mêmes lois, avec quelques modifications, si cela est nécessaire, au système de l'impôt fondé sur le revenu personnel.[1]

Au surplus, la même pénalité serait appliquée aux fraudes et dis-

---

1 Notamment, la loi peut atteindre d'une amende tout fonctionnaire, banquier, intermédiaire, qui a négocié la mutation d'un titre au porteur ou le paiement d'un coupon non frappé de l'estampille prescrite. Cette loi existe déjà en ce qui concerne les notaires et les greffiers, pour le seul fait d'avoir mentionné ces valeurs étrangères dans leurs actes et les jugements.

simulations portant sur ces valeurs étrangères.

Quant à l'émigration des capitalistes elle est encore moins à craindre que celle des capitaux.

Ils trouveraient partout à qui parler et surtout à qui payer. Il ne faut pas croire que nos voisins se soucient d'entretenir et de protéger nos émigrés sans leur faire payer, et même largement, les frais de la protection.

Je répète en finissant ce que j'ai énoncé dans la seconde édition de l'*Impôt progressif* qui vient de paraître. (Guillaumin, Paris 1905). Il n'y a aucune objection sérieuse à l'établissement en France de l'impôt sur le revenu. La seule difficulté, (qui du reste n'a rien de moral ni d'honorable), tient à l'égoïsme, à la cupidité, aux préjugés qui ont pris naissance peut-être dans les défauts même de nos anciennes lois fiscales.

En réalité, la perception de l'impôt sur le revenu présenterait bien moins de difficultés que nos seules lois d'enregistrement, qui exigent un personnel se livrant à un travail intellectuel compliqué. Elles ont donné lieu à une jurisprudence encore incertaine après 115 ans, à des circulaires, à des décisions ministérielles, à des règlements et à des ouvrages si nombreux, qu'aucun de nos fonctionnaires ne peut les posséder, ni les loger.

Nos droits d'enregistrement, nos impôts fonciers des portes et fenêtres, nos patentes, nos contributions personnelles, mobilières ne tiennent aucun compte des conditions particulières du contribuable relativement à ses dettes et charges de famille, et cela depuis plus d'un siècle ; nos lois récentes sur les bouilleurs de crû, depuis quelques années1 ; tout cet ensemble de la législation fiscale présente plus de difficultés d'application, donne lieu à plus de discussions, de tracasseries et d'embarras et produit sur l'état économique du pays des effets plus déprimants et plus dangereux que ne le ferait l'impôt sur le revenu dans les conditions indiquées. Il ne s'agit que de rompre avec nos traditions routinières, et de nous créer de nouvelles habitudes. Une fois l'impôt personnel établi,

---

1 La loi récente sur les bouilleurs de crû, notamment, a soulevé de tels mécontentements que dans plusieurs départements et tout récemment dans le Jura, (janvier 1905) d'énergiques protestations accompagnés de refus de payer les impôts, ont eu lieu parmi les populations les plus attachées à la forme républicaine et démocratique.

on sera tout étonné, après deux ou trois ans d'application, d'avoir craint et d'avoir hésité si longtemps de recourir à une méthode donnant pleine satisfaction à la raison et à la justice.

Il est utile de donner ici, à titre d'indication, la formule de la réponse à faire par le contribuable au questionnaire qui lui est adressé par l'administration. Les chiffres ci-après, on le comprend, n'ont d'autre but que de donner une idée de l'opération ; ils sont indiqués seulement comme élément de calcul ; dans la réalité il arrive rarement que la situation d'un contribuable comporte à la fois des dettes hypothécaires et des créances hypothécaires.

Indication de la réponse à faire au questionnaire par le contribuable

	Capitaux		Revenus	
1° 17 hect. de terre sur la commune de valant 20 000	20 000	f.		
d'un revenu de…			730	f.
2° une maison à… valant	30 000	»		
d'un revenu de…			1 100	»
3° créances hypothécaires	45 000	»		
revenu…			2 000	»
4° créances chirographaires	8 000	»		
revenu…			300	»
5° valeurs industrielles et rentes sur l'État français	6 000	»		
revenus…			200	»
6° valeurs étrangères	22 000	»		
revenu…			1 000	»
7° capitaux employés dans l'industrie	80 000	»		
revenu net de l'industrie			10 000	»
8° mobilier meublant	5 000	»		
Totaux en capital et en revenu du capital	216 000	»	15 350	»

Charges à déduire

	Capitaux		Revenus	
Trois enfants au-dessous de 20 ans, dont la dépense, à 300 francs par tête, est à diminuer du revenu.			900	f.
Frais de ménage.			600	»
Dettes hypothécaires.	30 000	f.		
dont l'intérêt est de			1 200	»
Dettes chirographaires.	20 000	f.		
dont l'intérêt est de			800	»

Totaux	50 000	»	3 500	»
Décompte de l'impôt du capital de	216 000	f		
Il faut déduire : 1° 10 000 f. exemptés par la loi et 50 000 f. montant des dettes	60 000	»		
Le capital atteint par l'impôt réduit à	150 000	»		
A 1 % sur 50 000	50	»		
A 3 % sur 106 000	318	»		
Impôt sur les revenus des capitaux qui sont de 5 350 fr.			5 350	f.
Il y a lieu de déduire			3 500	»
Reste impossible			1 850	»
A 4 %			74	»
Sur le *revenu du travail*, qui est de 10 000 fr., sous déduction de 1 000 fr. exemptés par la loi, soit sur 9 000, à 3 % sur 5 000 → 150 ; a 4 % sur 4 000 → 160			310	f.
Dans cette hypothèse 150 000 fr. de valeurs capitales et 11 850 fr. de revenus paieraient	752	f.		

CHAPITRE XIII

Conséquences morales et sociales du système fiscal. Sur les observations de M. Colson et de M. Méline.

On peut se rendre compte de l'effet social et économique des lois d'impôt en prenant, pour terme de comparaison ce qui se passe dans des conditions identiques en Franco et en Suisse (Etat de Neuchâtel).

Une famille comprend le père, la mère et quatre enfants mineurs âgés de deux à treize ans. Le père possède une petite exploitation agricole, une maison et quelques terres. Il exerce, en outre, plusieurs métiers de menuiserie, charpenterie. Le revenu total est d'environ 1 200 fr. Il doit huit mille francs hypothéqués sur son bien.

Conformément à la loi de Neuchâtel du 27 février 1892, les impôts de cette famille sont régies ainsi qu'il suit :

Sur la fortune évaluée.	12 000	»
Il est déduit le montant des dettes.	8 000	»
Reste.	4 000	»
Moins 1.500 fr. sur le capital que la loi exempte d'impôt.	1 500	»
Ce qui réduit le capital imposable à	2 500	»

L'impôt sur le capital étant fixé à 1 fr. 80 % est de 4 fr. 50.

Quant à l'impôt sur les ressources ou revenus, qui s'élèvent à 1 200, il se règle ainsi qu'il suit. La loi exempte d'impôt, comme indispensable au ménage une somme de.	600	»
Plus une somme de 200 fr. pour dépense nécessaire à chacun des enfants, ce qui fait pour les enfants.	800	»
Total exempté.	1 400	»

Cette famille a donc à payer, en tout, 4 fr. 50. Ajoutons que, les impôts indirects n'existant pas, en Suisse, elle n'a à supporter, de ce chef, sur les nombreux objets de consommation aucun des impôts qui, en France, s'ajoutent au prix des choses : sucre, sol, vin, chocolat, café, allumettes, etc., etc.

Examinons, maintenant, comment, dans un cas identique, le règlement de l'impôt se ferait, en France.

Sur une fortune de 12 000 fr., l'impôt foncier des portes et fenêtres, de la cote personnelle et mobilière, ne serait nulle part au-dessous de 140 fr.	140	»

Patente, au minimum.	15	»
Impôts indirects sur le prix des objets de consommation de 6 personnes, au moins.	60	»
Total.	215	»

Voilà donc une famille à laquelle on ne tient compte, ni de sa dette qui lui absorbe à 4 %, 320 fr. sur son revenu : ni du nombre de ses enfants dont l'entretien grève considérablement son budget ; elle est mise, ainsi, dans l'impossibilité matérielle et mathématique de réaliser aucun bénéfice ; elle est menacée de voir même très probablement, sa dette augmenter, ce qui amènerala dispersion des enfants et l'abandon de la culture.

Nos économistes prêchent partout et annoncent le retour à la terre. M. Méline a écrit un beau livre à ce sujet. Eh bien, je dis que cela n'est qu'un rêve irréalisable si on ne modifie pas profondément notre système fiscal, à l'imitation de ce qui se passe autour de nous. Il est très facile de faire de la poésie et de belles théories au sujet de la vie rurale. Tout cela ne peut produire aucun résultat pratique, en présence des dures réalités économiques. Aussi voyons-nous, en France, la terre de plus en plus désertée, la population agricole diminuer chaque année ; la valeur du sol suit, naturellement, une marche descendante, les mariages et les familles nombreuses sont de plus en plus rares et, pendant ce temps, nous pouvons constater chez nos voisins Suisses, Italiens et Allemands, les phénomènes exactement contraires.

Ajoutons que, dans le cas précédent, l'impôt est payé par le créancier des 8 000 fr. par cette raison bien simple que c'est à lui que profite le capital, ainsi que l'intérêt qu'il procure. En France, ce même créancier n'aurait rien à payer, probablement pour cette raison qu'il n'a aucun travail a faire pour se procurer son revenu.

Notre loi fiscale décourage le travail et favorise l'oisiveté.

Il y a mieux : non-seulement en Suisse, on ne demande aucun impôt annuel à la famille nombreuse ; on ne lui en demande pas non plus pour la transmission des biens, par décès, du père aux enfants. Ajoutons encore, a ce tableau comparatif, le renseignement suivant que je dois a l'obligeante communication de M. Dubois, syndic de la commune des Verrières, comprenant 1 800 habitants. En 1903, il a été distribué à 98 personnes appartenant surtout à des familles nombreuses ne payant pas d'impôt, 14 200 fr. de secours de toutes espèces. Une certaine année, ces secours se sont même élevés à 24 000 fr. parce que le travail rural et industriel avait subi une dépréciation considérable. On n'attend pas que la misère ait dispersé la famille et l'ait mise hors de combat dans la lutte pour la vie ; on la soutient afin de l'empêcher de succomber. Je ne crois pas qu'aucune commune rurale française présente un seul exemple de ce cas. On vient de constater, au contraire, ainsi que l'a rappelé M. Drumont, que, dans plus de 40 départements, la situation économique des familles agricoles est réduite à un état déplorable.

Si on voulait continuer cette comparaison au point de vue moral, notre système fiscal ne ferait guère meilleure figure. La désertion des campagne, qui en est la suite inévitable, jette sur le pavé des grandes villes un nombre toujours plus grand de ces enfants de familles agricoles qui ne trouvent plus à y vivre, même modestement. Garçons et filles, a l'envi, abandonnent ces champs qui, autrefois, nourrissaient leurs ancêtres et leur créaient une aisance et une indépendance qui satisfaisaient leurs modestes besoins. Cette surabondance de population dans les grandes villes amène cet avilissement des salaires, si bien décrit par M. Benoist qui compte, à Paris seulement, plus de trois cent mille jeunes filles obligées de vivre, si elles veulent rester honnêtes, avec un budget de 600 fr. par an, dont 0,90 et même seulement 0,65 par jour pour la nourriture. Il ne s'agit plus seulement de faire de grandes phrases sur la dépravation des mœurs et la dépopulation des campagnes ; il serait moins facile, j'en conviens, mais plus efficace, de faire cesser l'une des causes les plus actives de cette corruption.

*

Nous croyons avoir répondu à certaines difficultés d'exécution de la réforme proposée. Il est intéressant, toutefois, d'ajouter ici quelques observation suggérées par la lecture de l'excellent cours d'économie politique de M. Colson, conseiller d'état, ingénieur des ponts-et-chaussées, qui vient d'être publié, par les libraries Guillaumin et Gauthier-Villars, Paris 1903. Le savant auteur de cet ouvrage fait remarquer que la loi fiscale actuelle ne demande aucun impôt direct sur les traitements, les gages, les produits des fonctionnaires, des employés, des ouvriers, des fermiers agricoles, en sorte que la rémunération de leur travail leur reste intégralement. Dans l'application de la nouvelle loi sur l'impôt, frappant le capital et les revenus, il sera nécessaire, surtout en ce qui concerne l'agriculture et les petits fonctionnaires, d'élever l'exemption à la base d'une somme, ou de capital, ou de revenu assez haute, pour que les contribuables, de cette classe très nombreuse en France, n'aient pas pour but de s'opposer a la réforme, dont ils n'apprécieraient pas facilement l'avantage, bien qu'elle ait pour but de les dégrever sous une autre forme, notamment des droits de consommation et autres impôts figurant dans les 900 millions qu'il s'agit de remplacer. C'est une mesure de prudence que l'on a observée notamment en Angleterre, en Prusse et en Suisse. Supposons un salaire, ou un traitement, ou un produit agricole de 4 000 fr. et une exemption à la base de 2 000 fr. l'impôt ne toucherait alors que les 2 000 fr. d'excédent, et si on le suppose de 1 % il s'élèverait à 20 fr. somme très supportable dans toutes les positions, surtout si on réfléchit qu'il est destiné a remplacer ce que le contribuable actuel paye en personnelle mobilière, ou impôts indirects sur tous tes objets de consommation, etc. Quand au capital, on pourrait le porter aussi jusqu'à 10 000 fr. par exemple, pour l'exemption, et faire progresser l'impôt sur le surplus seulement.

*

M. Colson (p. 253 à 265) signale les inconvénients de la péréquation de l'impôt en ce qui concerne les immeubles qui sont frappés actuellement en France d'impôts n'ayant plus qu'un rapport très vague avec leur valeur et leurs revenus. Il fait remarquer que l'établissement d'une proportion, partout la même, entre l'impôt et le revenu, favoriserait injustement ceux qui aujourd'hui payent un impôt trop élevé. Et cela s'explique si on réfléchit, que lors de l'acquisition d'un immeuble, soit par succession, soit par vente, on a tenu compte de l'impôt pour fixer l'estimation ou le prix. La diminution de l'impôt faite actuellement augmenterait le revenu d'autant. Et, en sens inverse, le propriétaire d'un immeuble, dont l'impôt serait augmenté perdrait en capital et en revenu par le fait de la péréquation.

Il semble que cette difficulté, ou plutôt cette crainte de commettre une injustice en rétablissant une proportion exacte entre le revenu et l'impôt, sera singulièrement diminuée ou même supprimée, en introduisant dans le calcul de l'impôt un nouveau facteur, un nouvel élément d'appréciation. Du moment que l'on prendra pour mesurer l'impôt, non seulement la chose et son produit, mais encore la personne qui possède et sa situation, il n'y aura plus d'injustice à prendre en considération, le revenu réel de la chose. Si ce revenu vrai est plus élevé ou moins élevé que celui pris actuellement pour base de l'impôt, la différence est corrigée par l'exemption d'une partie du revenu et par la progression qui sera indiquée par la loi. – Exemple : un domaine est loué 1 000 fr., il paie 200 fr. d'impôt, quand il n'en devrait payer que 100. Son revenu vrai est donc 800 fr. Avec la nouvelle loi le revenu est de 1 000 fr. et si ce domaine appartient à une famille nombreuse, pour laquelle la loi exempte d'impôt 1 000 fr. en raison des frais de ménage et de l'éducation d'enfants mineurs, il ne supportera aucun impôt. Si, au contraire, il appartient à un millionnaire, il comptera dans le revenu global pour 1 000 fr. et payera une fraction d'impôt indiquée pour cette fortune par la loi. Ici la péréquation se fait sans tenir aucun compte de l'impôt ancien ; elle n'a pas à corriger cet impôt par une comparaison arithmétique entre l'ancien et le nouvel impôt ; l'erreur ancienne n'a plus aucun rôle à jouer ici ; la correction se fait d'elle-même par l'appréciation du revenu réel. Pour le possesseur pauvre, le revenu sera de 1 000 fr. puisque ce revenu est jugé lui être indispensable ; pour le millionnaire le revenu sera diminué peut-être d'un dixième parce que, réuni a ses autres revenus, il lui procure un revenu global, infiniment supérieur au nécessaire.

*

M. Colson (p. 277 à 282) et d'autres écrivains signalent certaines difficultés d'application de l'impôt, sur les valeurs mobilières et sur les revenus de ces valeurs, surtout en ce qui concerne celles de ces valeurs, comme la rente qui, actuellement sont exemptes de tout impôt. Il semble que toutes ces difficultés n'existeraient pas si l'impôt atteignait toutes ces valeurs et tous les revenus mobiliers, sans s'occuper de leur nature et de leur origine. Il est injuste, dit-on, de créer de nouveaux impôts ; ils modifient la situation respective des citoyens. A-t-on trouvé injuste d'en créer de nouveaux après nos désastres militaires de 1870 ? Ce qui rend les impôts légitimes, c'est la nécessité. Et aujourd'hui, c'est encore la nécessité qui réclame la suppression, ou plutôt, le remplacement de nos impôts actuels, par une nouvelle méthode, puisque l'expérience a démontré les effets très fâcheux qu'ils produisent sur l'état économique de la société. En ce qui concerne l'impôt, par exemple, sur les créances hypothécaires, M. Colson croit que le débiteur ne profiterait pas de la déduction de sa dette, parce que le créancier lui ferait payer des intérêts plus élevés. On a paré à cet inconvénient, par une amende infligée au créancier qui se rendrait ainsi coupable du délit d'usure, et par la limite légale de l'intérêt de la dette. L'impôt sur ce revenu, est donc une mesure très juste et très facile dans l'application ; elle ne crée même pas un rapport spécial entre le débiteur et le créancier dans le système de l'impôt basé sur la fortune globale du contribuable.

*

On a trouvé exagéré que le droit précédent et le droit canonique aient proscrit l'intérêt, même d'un faible capital. L'expérience prouve la sagesse de cette disposition et si l'état économique de notre société actuelle ne permet guère de rétablir cette proscription absolue de l'usure, il est au moins permis au législateur, dans l'intérêt même de l'existence et de la durée de la société, d'apporter à cette cause de perturbation, quand elle devient excessive, telle limite que comporte l'intérêt général.

L'insatiable collectionneur de millions sera arrêté dans sa manie par l'impôt sur le capital qui agira concurremment avec l'impôt sur le revenu, comme en Prusse, en Suisse et d'autres États. Ainsi, au delà de 40 millions de revenus, le surplus reviendra à la société en totalité, par l'impôt sur le revenu, et au delà d'un milliard de capital, une fraction du surplus reviendra encore à la société, par l'impôt sur le capital.

Il est mathématiquement impossible de rendre le travail plus productif de capital, si on ne rend pas le capital excessif, soumis par l'impôt à ce prélèvement au profit de la collectivité. On ne peut résoudre le problème économique qu'en mettant le plus possible le capital et le travail dans la même main. Il y a aujourd'hui trop de capital sans travail, en quelques mains, et trop de travail sans capital, en trop de mains.

Plus loin, M. Colson (p. 285) considère la progression basée sur l'importance des parts, dans une succession, absolument justifiée. « En faisant, dit-il, la théorie générale des impôts, nous avons exposé que l'impôt progressif sur le revenu, légitime en lui-même, devait être absolument écarté, à cause du caractère arbitraire et inquisitorial qu'il revêt nécessairement. En matière de successions, la progression porte sur une évaluation en capital, bien plus facile que l'évaluation des revenus, dans laquelle l'appréciation des bénéfices industriels est impraticable. L'impôt ne se perçoit que de loin en loin, à un moment où presque toujours les familles ont besoin, pour leurs arrangements intérieurs, de procéder a l'inventaire complet des biens du défunt et souvent même, de de lui donner un caractère authentique ; le fisc peut donc percevoir à ce moment un impôt progressif, sans que son intervention constitue une gêne vraiment sérieuse. Rien n'est plus juste que de saisir cette occasion, pour appeler les riches à contribuer aux dépenses publiques dans une proportion plus forte que les pauvres.

La progression pourrait même être fort accentuée, s'il ne fallait s'arrêter à la limite où la fraude deviendraient excessive. Avec le développement actuel des valeurs mobilières, il est très facile de transmettre de la main à la main, en son vivant, une partie de sa fortune, ou de prendre des dispositions pour en faciliter la dissimulation par ses héritiers, au moyen de placements en titres au porteur, de dépôts à l'étranger. Plus le lien est proche, entre le propriétaire d'une grosse fortune, et ses héritiers présomptifs, plus le désir de leur épargner des charges trop lourdes est intense, et plus aussi la réalisation des arrangements nécessaires pour y arriver est facile. Il importe donc de ne pas porter l'impôt à des taux trop élevés en ligne directe, et le chiffre de 6 % auquel la progression s'arrête, en France, nous parait à cet égard constituer une limite raisonnable. En Angleterre, où cette proportion est sensiblement dépassée, pour les fortes successions, la fraude parait considérable ».

Voilà le savant écrivain économiste, amené a reconnaître comme très juste la progression de l'impôt, à mesure que progresse la fortune. C'est la difficulté seule dans l'application de ce principe, en matière d'impôt annuel sur le capital et le revenu, qui l'a engagé à combattre cet impôt. Il nous semble que ces difficultés sont bien atténuées par les réponses que nous avons données et celles que nous avons encore à développer.

M. Colson, (p. 187) ajoute : « 15 %, ce serait trop pour les petits revenus ; l'impôt proportionnel serait singulièrement lourd et leur serait difficilement applicable. Nous avons évalué à 25 milliards environ le total des revenus privés en France. Le montant des impôts s'élevant à 3 milliards 800 millions, cela fait en moyenne plus de 15 % du revenu de chaque citoyen que le fisc prélève. Pour les malheureux qui ont à peine de quoi vivre, pour les ménages modestes, un impôt de 150 francs sur un revenu de 1 000 francs représente une charge à peu près intolérable ».

N'est-ce pas là un nouvel argument en faveur de la thèse que je soutiens ici, puisque M. Colson lui-même reconnaît l'injustice de l'impôt sur les petits revenus. Et il nous parait d'autant plus indispensable d'exempter d'impôt les revenus de 1 000 à 1 200 francs suivant l'état personnel du contribuable, que M. Méline dans son ouvrage *Retour à la Terre* évolue l'impôt frappant la culture non pas seulement a 15 % mais à 25 %, et dans certains cas, même à 36 et 41 %. Cette exemption à la base avec progression au sommet est si naturellement conforme à l'esprit de justice et de fraternité, que la Commission instituée par Mgr Richard, archevêque de Paris, pour la répartition du revenu des paroisses n'a pas hésité à l'appliquer au profit des paroisses pauvres. Elle exempte de ce prélèvement les revenus de 4 000 francs, et lorsque la paroisse a des revenus supérieurs à cette somme, elle devra subir un prélèvement de 5 % de 4 000 à 6 000 ; de 10 % de 6 000 à 10 000 ; et de 25 % au-dessus de 10 000.

Dans le diocèse de Besançon avant la Révolution, une progression analogue avait été consentie par le clergé sur les revenus des couvents, congrégations et autres associations religieuses au profit des établissements religieux pour l'entretien desquels la dîme était insuffisante. (Sauzay. *Histoire de la Révolution dans le Département du Doubs*).

CHAPITRE XIV

Retraites ouvrières et caisses d'épargne, mesures insuffisantes. – Urgence de la reforme fiscale. – Conseil aux électeurs.

Jules Dufay

Le Parlement se dispose à voter une loi sur les retraites ouvrières avant la loi sur les impôts. Il me semble que c'est mettre la charrue avant les bœufs. Le plus avisé, le plus habile ministre des nuances peut à peine établir l'équilibre de notre budget ; le plateau de la balance, côté des dépenses, est sans cesse plus lourd que son vis-à-vis, celle des recettes. Et voilà qu'on va mettre encore dans le premier un poids plus lourd que jamais. En supposant que cette loi soit ce qu'il y a de plus favorable à la classe ouvrière, elle ne constituera, au début, qu'une très légère amélioration puisque les ouvriers âgés aujourd'hui de vingt à vingt-cinq ans auront à attendre au moins trente nus avant d'en profiter.

Dans l'intervalle, ils auront au contraire, à prélever sur leur salaire un versement de 4 % par an dans l'industrie, et de 6 centimes par jour dans l'agriculture. À 65 ans seulement la retraite sera de 360 francs par an pour les premiers et de 240 pour les seconds.

À cette époque, le budget aura à payer 230 millions pour les pensions, d'après M. Guycisse, et 300 millions, d'après les calculs ministériels. En attendant, les ouvriers, actuellement âgés de 65 ans, recevront à titre de cadeau, puisqu'ils n'ont rien versé, une somme annuelle de 50 francs. C'est peu, assurément, pour chacun, mais cela fera encore un vide dans le budget, et avec notre système actuel, ce sera encore le travail en grande partie, qui sera charge de le combler. Est-il possible de décrire un plus gigantesque cercle vicieux ? Au lieu de demander à l'impôt sur le travail, sur la petite propriété, comme le comporte notre système actuel, de quoi aider le travailleur devenu vieux, infirme, impotent, ne serait-il pas plus simple de favoriser l'épargne volontaire entre ses mains en l'exemptant des impôts actuels ? Au lieu d'encourager les ouvriers par une épargne dont ils voient chaque année le résultat entre leurs mains, on les découragera peut-être, on les rendra moins actifs, moins prévoyants, par une perspective à longue portée, hors de leur vue, puisque la moitié d'entr'eux, au moins, n'en profiteront pas, la mortalité en trente ans étant considérable. Et ce n'est pas tout que de pourvoir à l'ouvrier de 65 ans, combien sont infirmes avant cet âge ; le programme de l'assistance publique est bien autrement étendu ; il faut s'intéresser aux enfants, aux malades, aux femmes surtout, aux mères indigentes.

Dans les États mieux avisés, en Suisse et en Italie notamment,

CHAPITRE XIV

l'État n'assure même pas à tous ses fonctionnaires une retraite sur leurs vieux jours ; il les paie mieux, il laisse à leur prévoyance personnelle le soin de s'assurer des ressources nécessaires par une épargne volontaire. De plus, il les exempte d'impôts ce qui crée la vie à bon marché.

Cela du moins a le mérite de développer dans toutes les classes sociales l'esprit de prévoyance par un prélèvement, dans tout le cours de la vie, sur le revenu pour le retrouver à la fin. Cela vaut mieux que les dons de cet *État-Providence* qui ôte à l'homme le souci de sa propre existence et le désir de son indépendance. Ajoutons que pour ce mécanisme de plus de deux millions de rentes viagères, il faudrait une nouvelle armée de fonctionnaires.

Voilà pourquoi je maintiens que la plus saine, la plus juste, la plus morale des législations fiscales consiste à exempter d'impôt tout revenu inférieur à une certaine somme ; ou, si l'on veut atteindre même les petits, qu'on le fasse d'une manière si légère, qu'elle ne serve qu'à leur donner, en quelque sorte, un brevet de citoyen électeur.

Frappons donc le capital et le revenu dans une proportion telle qu'au bas de l'échelle, le poids soit supprimé ou insignifiant, et qu'il aille en grossissant à mesure qu'ils augmentent. Faisons en sorte que le travailleur puisse prélever sur son salaire, même, et surtout quand il a une famille a élever, de quoi se procurer à lui-même et à laisser aux siens quelques ressources épargnées pendant la période laborieuse de sa vie. Cela vaudra mieux que toutes les combinaisons de la science financière, faisant intervenir l'État, le plus coûteux et le plus despotique des intermédiaires, dans ces questions d'intérêt privé.

Que l'impôt surtout ne vienne pas aggraver les charges déjà trop lourdes de la classe ouvrière. Ce n'est pas là une idée socialiste, comme on le prétend ; il y a des siècles qu'elle est enseignée par le christianisme, par toutes les grandes écoles philosophiques, qu'elle a passé dans le droit canonique, et de là jusque dans la Déclaration des Droits de l'Homme. Ce n'est pas dans trente ans que la classe ouvrière devrait profiter d'une législation à trop longue portée ; c'est de suite, avec son concours intelligent et prévoyant, qu'elle pourra résoudre la question. Il suffira pour cela d'une bonne loi

Jules Dufay

fiscale.1

*

Nos caisses d'épargne ont joué un rôle utile au début en favorisant la formation du petit capital. Le prix de la terre était très élevée, la petite épargne ne pouvait guère s'y employer ; d'un autre côté, l'État n'était pas encore sous le poids d'une dette publique énorme et d'un budget écrasant. La situation a changé : les caisses d'épargne ont un inconvénient grave ; elles mettent l'État en jeu, elles le grèvent d'une charge et d'une responsabilité qui peuvent devenir dangereuse, surtout pour lui et quelquefois pour les épargnistes qui, d'après la loi, ne peuvent pas, dans certaines circonstances données, retirer en totalité les sommes versées. Il y aurait là aussi quelque chose à changer. Le cultivateur surtout aurait mieux à faire que de porter ses économies, quand il en fait, à l'État ; ce serait de les consacrer à augmenter l'étendue de ses champs ou d'en perfectionner la culture ; mais il a contracté facilement l'habitude de compter sur un revenu mensuel sans rien faire, ne se doutant pas qu'il supporte lui-même, sous forme d'impôt, au moins un quart de l'intérêt qu'il touche, puisque la dette publique absorbe plus du quart des dépenses générales. Il convient donc de ramener à la terre l'épargne du cultivateur ; pour cela il faut, par une meilleure distribution des impôts, le dégrever, en totalité ou en grande partie, quand il ne possède que le nécessaire pour lui et sa famille. L'impôt actuel frappant la terre, prélève le quart du produit de la culture, sans tenir compte de la situation personnelle du possesseur ; de là le découragement et le dégoût de la profession.

L'impôt progressif est là, comme la suprême ressource dans notre état économique, le plus lourd qui existe. La sagesse consiste à ne pas exagérer la progression et a la rendre supportable même à la grande fortune qui ne peut pas être supprimée, mais touchée avec mesure, afin d'empêcher la destruction complète de la petite et de la moyenne richesse.

La grande fortune n'est pas une *coupable*, mais elle est certainement un danger. En supportant l'impôt dans une plus grande proportion, elle jouera le rôle économique utile à la société toute

1 Il en sera de cette loi sur les retraites ouvrières comme de la loi sur les retraites des fonctionnaires. On leur retient environ 35 millions par an et on leur paie 210 millions. Voilà encore 200 millions prélevés par an sur le travail… des autres.

entière, à la satisfaction et dans l'intérêt bien entendu, même de ceux qui la possèdent. C'est un fait constaté peu près dans toutes les parties de la France ; que les grands domaines n'ont conservé leur valeur que là où ils sont entourés d'un grand nombre de petites propriétés ; c'est la présence des petits cultivateurs qui fait la valeur de la terre.

*

Qu'il me soit permis de terminer cette étude par les mêmes réflexions que faisait, il y a plus d'un demi-siècle, le grand écrivain déjà cité, dans l'un de ces ouvrages où il a peint notre état social en paroles si éloquentes, et dont on a si peu profité :[1]

« Nous sommes à une époque décisive, à un de ces moments solennels où se résout pour l'humanité le problème de l'avenir. Le peuple le sent, un instinct divin l'avertit que le monde, ayant accompli une période de son développement, va se transformer, et que, dans le nouvel âge qui s'ouvre, sa place, lui, peuple, doit être toute autre que celle qui fut la sienne dans les âges précédents. Par lui doit naître une société plus parfaite, plus conforme aux éternelles notions de la justice et de la charité, complément nécessaire et consommation de la justice. Nous venons unir nos efforts aux siens, nous venons apporter à nos frères le faible tribut des lumières que nous avons pu recueillir par l'étude attentive des faits antérieurs, dans lesquels doit se manifester la loi du progrès social ou de l'évolution du genre humain. Tout ce qu'on tentera contre cette loi ou en dehors d'elle, échouera infailliblement. Rien de plus important donc que de la constater, pour ne pas se perdre dans l'aride désert des théories chimériques, pour que le travail fécond qui réalisera l'avenir désiré si ardemment ne soit pas entravé, retardé par des actions perturbatrices. »

Tel a été l'objet des études précédentes que nous avons faites et publiées particulièrement dans l'intérêt de la grande famille des travailleurs de notre société française, heureux si nous pouvons contribuer par là à l'œuvre de salut tendant à une distribution plus équitable des charges publiques, qui ont trop pesésur la classe laborieuse, véritable source de la richesse générale.

C'était déjà le vœu du grand poète latin, quand il chantait, dans

---

1 Lamennais. — Le livre du peuple.

Jules Dufay

ses vers immortels, la plainte des laboureurs de son temps.

C'est dans l'intérêt du petit, de l'humble, du travailleur, que je viens d'écrire ce qui précède. Que deviendra la réforme fiscale proposée ? Jusqu'à ce jour, les lois préparées sous la dictée de la puissance financière ne donnent guère satisfaction aux besoins de la classe laborieuse. Notre société serait-elle donc condamnée à ne jamais profiter des leçons du passé ? Ce n'est pas, lorsque le poids énorme d'une dette publique, comme aucune autre nation n'a eu a en supporter, qu'il convient aux possesseurs de la plus grande partie de la richesse générale, de marchander quelques fractions de leurs revenus considérables, afin de décharger d'autant la classe bien plus nombreuse de ceux qui, en réalité, produisent cette richesse.

On ne peut pas indéfiniment ajourner les réformes indispensables. Assez de discours, assez de décorations : *verba et decoramenta, praetera nihil.* Nos masses laborieuses demandent une nourriture plus substantielle.

Pourquoi attendre ? Les scandales qui éclatent sans cesse dans le monde des financiers, des agioteurs, des mercantis, des exploiteurs, des usuriers célèbres, des chevaliers d'industrie à la poursuite des millions et des milliards ne sont-ils pas suffisants ? Faut-il que cette marée montante submerge le pays tout entier avant que le législateur songe a mettre un frein par l'impôt à ces immorales accumulations de richesses qui ruinent le travail honnête tout en faisant souvent le désespoir et la mort de ceux qui les forment ? Faut-il rappeler ici cette page du grand moraliste qui a peint si éloquemment, il y a deux siècles, les premières manifestations de notre décadence.1 « Il y a des âmes sales, pétries de boue et d'ordure, éprises du gain et de l'intérêt, comme les belles âmes le sont de la gloire et de la vertu capables d'une seule volupté, qui est celle d'acquérir ou de ne point perdre ; curieuses et avides du denier dix, uniquement occupées de leurs débiteurs, toujours inquiètes sur le rabais, ou sur le décri des monnaies, enfoncées et comme abîmées dans les contrats, les titres et les parchemins. De telles gens ne sont ni parents, ni amis, ni citoyens, ni chrétiens, ni peut-être des hommes : ils ont de l'argent. »

*

1 Caractère de La Bruyère. — Des biens de fortune.

CHAPITRE XIV

Faut-il citer aussi ce jugement d'un ancien ministre, M. Hanotaux, bien placé au milieu *de ce Paris plein d'or et de misère* pour voir de près et toucher notre plaie sociale :

« La corruption est la suite des grandes transformations économiques. Quand les procédés du travail se sont modifiés, quand des richesses nouvelles ont été créées, quand des mondes inexploités se sont ouverts, quand l'épargne accumulée a gonflé les sacs et les coffres, *quand l'usure a épuisé la prospérité publique*, quand des fortunes immenses se sont élevées sur d'immenses ruines, quand des krachs soudains ont ajouté à l'irritabilité réciproque des classes s'exploitant les unes les autres, quand, dans un pays à la fois riche et obéré, la soif universelle des jouissances rapides n'a plus d'autre ressource que l'espoir de prochaines révolutions, alors les grands bouleversements se propagent. Ils vont passer par trois phases presque inévitables : la discorde, la guerre, la dictature. »

« (*Le Journal*, 23 octobre 1905). »

L'histoire fournit même des exemples de leçons encore plus sévères, infligées aux nations qui ne savent pas s'affranchir de la corruption produite *par les fortunes immenses élevées sur d'immenses ruines* : l'idée même de patrie est attaquée et disparaît avec la force morale nécessaire pour résister aux divisions fomentées par l'étranger et aux invasions de l'ennemi qui finit par supprimer la nationalité elle-même.

Nous ne sommes heureusement pas encore arrivés à cet état décrit par un grand orateur, *où les nations ne sont plus guérissables*. Le travail et l'effet moral qu'il développe sont encore en honneur chez nous. Il s'agit seulement d'éviter que le produit de ce travail ne serve pas uniquement à augmenter ces accumulations de richesses toujours plus grandes en quelques mains seulement. Le peuple qui, par son travail, crée la richesse, ne tend pas la main pour qu'on lui fasse l'aumône ; il demande seulement que des lois plus prévoyantes et plus humaines lui laissent une plus grande part du produit de son propre travail. Il a en mains une arme excellente, s'il sait l'employer. Il n'est peut-être pas inutile de lui soumettre les réflexions suivantes dont il pourra faire son profit le jour des élections de 1906 :

Jules Dufay

Puisqu'il n'a pu obtenir, jusqu'à ce jour, de notre Parlement influencé par la féodalité financière, une réforme sérieuse de nos lois d'impôts ;

Puisque les conditions du travail et la répartition du produit n'ont servi qu'à favoriser, par la spéculation et l'usure, la richesse au profit de quelques-uns dont la plupart ne sont pas même Français ;

Puisque les lois actuelles qui règlent les rapports du travail et du capital sont insuffisantes à procurer au travailleur de quoi vivre avec dignité et indépendance pendant sa vieillesse ;

Puisque les projets de loi tendant à lui assurer une pension ridicule de vingt sous par jour pour les plus heureux, (tandis que les agioteurs juifs et autres ne savent plus que faire des millions prélevés par l'usure sur le travail), n'aboutissent qu'à des combinaisons d'une exécution impossible ou chargent les travailleurs d'un nouveau prélèvement dont la plupart ne profiteront même pas ;

Puisque la secte des barons de la finance, étrangers presque tous à la famille française, ne veut rien entendre, dès qu'on lui parle des réformes indispensables ; Puisque, sous ce régime qualifié républicain et démocratique, le peuple est resté taillable et corvéable à merci ;

Rappelons qu'en mai 1906 nous serons, par le fait des élections, les maîtres de créer un meilleur avenir au peuple qui travaille, en prenant une bonne fois le parti d'exiger des candidats à la députation, cette condition *sine qua non* d'abolir tous les impôts qui frappent le travailleur, de les remplacer par un système fiscal exemptant de toute contribution le capital et le revenu correspondant au strict nécessaire, et de tenir compte des charges et dettes de chacun, enfin, d'élever la proportion de l'impôt à mesure que s'élève la somme de la richesse.

On peut s'attendre à la résistance désespérée des milliardaires qui, par les discours, les brochures, les articles de journaux de leurs avocats, vont chercher à faire croire que tout est perdu si on ne continue pas à travailler uniquement pour eux. Ils iront jusqu'à prédire nos malheurs, des catastrophes et peut-être même des tremblements de terre. Nous a-t-on assez bernés par tous ces fantômes de la pour ; allons-nous, pour la centième fois, nous laisser effrayer par les clameurs de ces exploiteurs aux abois ? Si nous

82

savons ne pas nous diviser, cette loi passera, en France, comme elle a déjà passé chez toutes les nations qui nous entourent, plus prévoyantes que nous : en Angleterre, en Prusse, en Suède, en Autriche, en Italie, en Suisse, bientôt en Espagne et, sans doute, en Russie. La France sera-t-elle la dernière a faire droit aux éternelles revendications du travail ?

Il ne s'agit pas, comme on essaie de le faire croire, de détruire le droit de propriété ; il s'agit, au contraire, de le rendre accessible à tous, de laisser au travail son produit, au lieu de le faire dévorer par l'usure. Le chiffre total de la richesse générale, qui s'élève en France, à 200 milliards, et dont les 9 dixièmes des habitants sont absolument privés ou n'en possèdent qu'une parcelle infinitésimale, prouve bien qu'une meilleure répartition de cette richesse peut être obtenue par une meilleure répartition des charges publiques. N'est-il pas aussi absurde qu'injuste de demander au strict nécessaire, au revenu indispensable, la même proportion d'impôts qu'à ces fortunes énormes dont nous pouvons à peine nous faire une idée, et qui mettent le sort de la nation entre les mains de ces nouveaux possesseurs de la souveraineté ? Et ce n'est même pas la même proportion c'est davantage, que l'on demande au nécessaire, comme le démontrent trop bien les statistiques les mieux vérifiés. La science économique et orthodoxe a fait faillite, et elle amènera aussi la faillite de l'État, si on la laisse fonctionner plus longtemps. Que dire d'un édifice social bâti tout entier sur l'injustice la plus flagrante ? En exigeant de nos députés une loi positive sur les réalités économiques, nous aurons plus gagné en dignité et en indépendance qu'en restant figés dans nos abstractions politiques et perdus dans les détails sans portée de projets irréalisables.

Par une sage et profonde réforme du système fiscal le droit de propriété, si vivement attaqué aujourd'hui reposera sur une base inébranlable ; la justice et l'intérêt général.

Ce n'est pas seulement aux candidats a la députation à exposer leur profession de foi ou leurs programmes ; c'est au peuple, puisqu'il est souverain, à imposer ses conditions a ses mandataires, et parmi ces conditions, la réforme profonde du système fiscal. Nous arriverons peut-être ainsi à résoudre le problème social, pacifiquement, dans la mesure du bien général, au lieu d'en abandonner la solution à la violence possible des passions révolutionnaires. On créerait un

Jules Dufay

état social qui se traduirait ainsi : pas de travailleur sans capital, pas de capitaliste sans travail : traduction moderne de la forme féodale : pas de terre sans seigneur, pas de seigneur sans terre.

POST-SCRIPTUM

Enregistrement et Panamisés

De temps en temps on a des exemples de l'heureuse application de nos lois d'enregistrement. On n'a pas encore oublié la plus grande entreprise industrielle du XIXe siècle qui consistait à pratiquer un canal à travers l'isthme de Panama. Le canal de Suez ayant réussi, il devait en être de même de celui de Panama. C'est par la comparaison que se forme le jugement, dit-on. Aussi par centaines de mille, les propriétaires et capitalistes français, petits, moyens et gros, les petits et moyens surtout, ont donné dans le panneau, ou plutôt dans le Panama, avec un élan qui ressemblait même à de l'enthousiasme. Les gens sérieux ont bien essayé d'éclairer ces hommes, emportés par un mouvement irrésistible vers ce canal si rempli de promesses ; d'autres gens, journalistes, économistes, écrivains, commis, largement rémunérés du reste, entretenaient l'enthousiasme. Quand la bise fut venue, dissipant les brouillards de ce marécage américain, on reconnut un peu tard qu'un milliard 500 millions tirés en grande partie des bas de laine français n'avaient pas suffi à faire la moitié d'une œuvre utile, tout en contribuant au succès de certains entrepreneurs et fournisseurs qui n'avaient même pas fourni. Tomber dans une pareille réalité, après les rêves dorés qui enflammaient les imaginations, ce fut une terrible déception : colère, menaces, désespoirs, suicides. On chercha à calmer les esprits, en engageant une procédure qui devait amener, en définitive, une liquidation pas trop désastreuse. Le temps qui est destiné à cicatriser tant de blessures, fut mis à profit. Le temps c'est le calmant par excellence. Après 12 ans de procédure, on va enfin distribuer 200 millions aux moins malheureux, parmi les dupes de l'admirable entreprise. Halte-là, dit la loi d'enregistrement, à tous ces gens qui tendaient déjà la main pour recevoir le maigre résidu de tant d'argent perdu ; vous avez produit devant nos tribunaux des contrats, des marchés, des titres qui nous obligent à vous réclamer 13 millions, acquis à l'État qui vous a si bien protégé dans cette affaire. Commencez par me verser cette petite somme et vous pourrez en toute justice vous distribuer ce qui restera. Qu'est-ce que c'est que ce petit sacrifice, pour des gens qui perdent tant d'argent ? Mais cette fois il parait qu'il y a dans l'affaire encore quelques gros intéressés qui ont crié assez haut pour que le parlement les entendit ce qui n'arrive pas tous les jours, lorsque les petites gens qui ne savent pas crier, n'ont pas le diapason voulu pour que leur voix porte au loin. En sorte qu'aujourd'hui il est question de proposer au Parlement une nouvelle loi pour empêcher l'application en ce cas particulier, d'une loi générale qui passe comme une lettre à la poste, devant tous les tribunaux de France, dans les affaires d'ordre amiable on judiciaire, de contribution, de distribution, de faillite, de liquidation, d'expropriation, en un mot, dans tous les cas si nombreux, où il s'agit de lever un impôt sur les gens qui n'ont rien, ou qui perdent le peu qu'ils ont. Quelques esprits, mal tournés ceux-là, disent bien qu'on pourrait demander ces millions aux entrepreneurs qui n'ont rien entrepris, aux fournisseurs qui n'ont rien fourni et qui ont pêché de véritables fortunes dans cette eau trouble où tant d'autres ont laissé les leurs. Ce serait contraire à tous les principes connus. L'usage est même de décorer ces industriels malheureux qui ont la malchance de gagner tant d'argent là où ils font un accroc à leur honorabilité. N'est-ce pas une juste compensation ?

Février 1906.

(Notes)

1 Cette catégorie de 10 000 à 50 000 francs renferme un certain nombre de propriétaires possédant un revenu supérieur à 1 000 francs. Le document de l'Enregistrement que nous avons actuellement sous les yeux, ne permet pas d'en déterminer actuellement l'importance. Il y aurait donc, de ce chef, un ensemble de revenus donnant lieu à la perception d'un impôt assez considérable qui s'ajouterait à celui déterminé par le tableau. Remarquons, du reste, que le revenu de 3 % qui a servi de base à ces calculs, est

certainement un peu inférieur au revenu réel. Mais en faisant bénéficier chaque catégorie du taux inférieur appliqué aux catégories
à revenus moins élevés, ainsi que nous l'avons dit pour l'impôt sur
le capital, on a sur le produit de l'impôt une réduction d'environ
60 millions ; d'où l'impôt produit serait de 200 millions en chiffres
ronds, au minimum.

POST-SCRIPTUM

ISBN : 978-1519686459